부모들을 위한 해옥샘의 꿀팁

119 부모
112 부모

부모들을 위한 해옥샘의 꿀팁

119 부모
112 부모

최해옥 지음

한국경제신문*i*

contents

Part 1.

사랑받고
있다고 느끼려면

○ 다행이고 감사한 존재 **11**

○ 아주 특별한 내 아이 **15**

○ 같이 자고 싶어요 **22**

○ 내 엄마 맞아요? **28**

○ 집사람 좀 말려주세요. **33**

○ 나도 아빠 역할 하고 싶어 **37**

○ 그 친구랑 놀지 마! **41**

○ 약속과 거짓말 **45**

○ 해옥샘의 꿀팁! **51**

Part 2.

관계능력을
키우려면

○ 119대화 vs 112대화 **57**

○ 자꾸만 싸우는 두 아이 **63**

○ 그만 좀 일러라! **69**

○ 어리버리한 우리 첫째 **74**

○ 외동이가 부러워요. **78**

○ 다른 애들은 안 그래요. **81**

○ 9살과 4살 사이에서 **85**

○ 게임 계속할 거니? **90**

○ 평온한 사과 **94**

○ 해옥샘의 꿀팁! **97**

Part 3.

자존감을
올려주려면

○ 자존감 살리는 119, 112 작전 **103**

○ 엄마의 손다리미 **108**

○ 여배우처럼 **111**

○ 약이 되는 칭찬 VS 독이 되는 칭찬 **116**

○ 칭찬포스트잇 프로젝트 **125**

○ 분노조절에 대한 셀프체크리스트 **132**

○ 내 맘대로 할까? **135**

○ 화는 자동삭제 기능이 없어요. **139**

○ 해옥샘의 꿀팁! **143**

Part4.

부부가 잘
지내고 싶다면

○ 나에게만 안 웃는 당신 **151**

○ 세상에서 제일 변덕스러운 친구 **156**

○ 저, 이혼하려고요 **159**

○ 누가 먼저 변한 거야 **166**

○ 눈먼 사랑, 눈뜨는 결혼생활 **173**

○ 내 공간이 '있다 vs 없다' **177**

○ 사랑받는 중인가요 **181**

○ 안타까운 엇박자 노력 **189**

○ 해옥샘의 꿀팁! **193**

Part5.

부부가 새롭게
시작하려면

○ 지피지기가 아니라 지기지피 199

○ 연애세포 202

○ 강아지 전략 209

○ 결혼 앨범은 어디에 212

○ 닉네임 215

○ 연인동아리 218

○ 공지사항 띄우기 224

○ 안전한 재혼 229

○ 해옥샘의 꿀팁! 234

Part6.

[성장꿀팁]
119부모
112부모를 위한
성장선물

○ 사춘기라고요? 축하합니다. 239

○ 안 씻는 사춘기, 너무 씻는 사춘기 243

○ 활짝 꽃피울 내 아이 248

○ 학부모총회, 시험감독 꼭 가야 하나요? 253

○ 담임선생님과 얘기하는 게 망설여져요 260

○ 학교 엄마들 모임 가야 하나요? 263

Let's follow it. 수강자 실천사례

1. 가족을 부를 때

2. 그럼 함께 자요

3. '내 엄마' 먼저 하기

4. 권위 세우기

5. 아빠와 하는 놀이

6. 어쩌다가

7. 엄마의 연기력

8. 119로 대응하는 대화

9. 액션소통 – 어깨들썩, 양엄지척

10. 첫째의 권위

11. 형 동생의 위계질서

12. 첫째와 사진으로 대화하기

13. 에스키모의 늑대사냥과 게임

14. 조각으로 사과하기

15. 자녀에게 손다리미

16. 여배우로 거듭나기

17. 알림장 검사

18. 숙제검사

19. 칭찬기억과 야단기억

20. 칭찬사례모음

21. 남편 밥그릇만 바꾸기

22. 아빠자리 만들기

23. 우리 가족 명대사 찾기

24. 부모님께 손다리미

25. 낮에 남편과 문자하기

26. 나 혼자만의 밴드

27. 연인동아리

28. 시댁과의 안전거리

29. 부모님과 일대일 데이트

30. 초경파티와 속옷결정권

31. 자녀의 이성교제

32. 워킹맘의 참여

33. 학부모시험감독 참여

Part
1

사랑받고 있다고 느끼려면

"엄마~ 엄마~."

'엄마'라는 단어는 격식 없이 친근하게 부르는 호칭이다. 아이들은
기분이 좋으면 계속 '엄마'라는 호칭을 부른다. 유독 '엄마'라는 호칭
을 많이 넣어 말할 때 아이의 표정은 '기대감, 호기심, 인정받고 싶
음'이다. 그래서 사랑스럽다.

어떨 때는 그만 좀 부르라고 하고 싶을 정도로 엄마를 찾는다. 씩씩
하고 당당한 목소리로 말마다 엄마를 넣어 계속 종알종알한다.

"엄마, 밥 주세요. 엄마, 나 배고프단 말예요. 엄마, 빨리요!"

"엄마, 맛있는 반찬 뭐 있어요? 엄마, 나 생선 구워주세요."

떠올려보자. 아이는 엄마에게 야단을 맞거나 엄마 때문에 화날 때,

엄마라는 호칭을 빼고 용건만 아주 짧게 말한다.

"배고픈데 밥 안 먹어요?"

> "엄마"라고 부르던 아이가 "어머니"라고 불러서 좀 당황스럽고 어색하다.
> "너 왜 요즘 엄마한테 '어머니'라고 부르니?" 물었다.
> 아이는 아무렇지 않게 대답한다.
> "엄마는 아기들이 하는 거예요. 이제 컸으니까 어머니라고 해야지요."

아이가 커가면서 '엄마'라는 말을 듣는 일은 점점 줄어든다. 아이들은 드라마나 책에서 본 '어머니'라는 표현이 의젓하다고 생각해 호칭을 바꾸기도 한다. 어머니라고 불러서 징그럽다는 엄마도 있다. 남자애를 둔 엄마는 "애가 커갈수록 징그럽다"고도 한다. 그 말 속에는 어느덧 남자가 돼가는 모습이 보인다는 의미가 있다.

그런데 그 말을 할 때의 표정은 알쏭달쏭하다. 잘 키운 것이 보람 있다는 건지, 남편 비슷하게 바뀌는 게 싫다는 것인지 말이다. 아들은 "커갈수록 징그럽다"는 말을 들으면 어떤 마음이 생길까? 나를 낳아준 엄마가 챙겨주는 대로 잘 먹고 잘 성장했더니 징그럽다고 한다면 아들은 엄마를 어떻게 대해야 할까? 아들은 엄마가 잘 키워서 잘 성장했을 뿐이다. 아들에게 엄마는 그저 엄마다. 엄마도 아들을 이런 마음으로 대해야 한다. 엄마에게 아들은 50살이 돼도 그저 아들일 뿐이다.

아이가 "어머니"라고 부르면 엄마들은 긴장한다. 사춘기 자녀는 엄마의 잔소리가 싫고 계속 어린아이로 대할 때 스스로 울타리를 치는 방법으로 호칭을 '어머니'로 바꾸기도 한다. 아이가 나를 어머니로 부르기 시작했다면, 축하한다. 아이는 엄마와 거리를 두려는 게 아니라 더 의젓하게 보이고 싶을 뿐이다. 자연스러운 성장 과정이니 너무 서운해하지 말고 인정해주자.

'친정엄마' '친정어머니' '시엄마' '시어머니' 친근감이 다 다르다.

친정엄마와 전화통화를 하면 엄마가 나한테 말한다.
"밥은 먹었니? 어디냐? 강의 많이 하면 힘들다. 적당히 하고 살아라. 박 서방은 회사 잘 다니니? 요즘 애들은 어떻게 지내니?"
내가 용건을 말할 틈도 주지 않고 안부를 챙긴다. 그래서 엄마다. 시어머님과 통화하면 내가 안부를 묻고 어머니는 단답형으로 대답한다. 나이 많은 아들인 남편도 시어머니를 "엄마"라고 부른다. 그리고 장모님을 만나면 "어머니~ 어머니~" 한다. '엄마'와 '어머니'에 대한 거리감과 격식이 딱 그런 것이다.

수강자 실천 사례 1.
가족을 부를 때

가족끼리 이름 앞에 수식어를 넣으면 효과적이다. '사랑하는'이라
는 말을 평상시에 사용하면 200점. 목적 때문에 의도적으로 사용
하면 마이너스 효과가 난다. 목적(의도)을 가지고 '내가 많이 사랑하
는 거 알지' 하면 상대가 금방 알아차린다.

사랑하는 우리 딸, 걱정해줘서 고마워.

믿음직한 우리 아들, 걱정해주니까 위로가 된다.

'끈기 있는 우리 아들''열정적인 우리 딸''친절한 아빠''지혜로운
엄마''너그러운 할아버지''상냥한 할머니''탁월한 형'처럼 가족
을 부를 때 긍정적인 수식어를 사용하자.

아주 특별한 내 아이

"엄마라서 행복해요. 내 아이는 정말 특별해요!"

엄마로 산다는 것은 정말 행복하다.

모유를 빨며 땀이 송골송골 맺힌 아이가 나를 쳐다볼 때
아이의 작은 손이 내 손가락을 꽉 잡을 때
귀염받고 싶어서 나와 눈을 맞추려고 할 때
내가 웃음을 주면 세상을 다 얻은 듯 좋아할 때
새우깡 양손에 쥐고 '엄마 정말 맛있어요' 할 때
길 잃고 눈물 뚝뚝 흘리며 애타게 엄마를 찾던 모습
동물원에서 여우를 보고 겁먹어 움츠리던 모습
처음 어린이집 노란 버스를 태울 때의 설렘
꼬물꼬물 내 아이가 쓴 손편지를 읽을 때
현관문 들어서면서 '엄마'라고 부르며 와서 안길 때
'엄마 힘들어?'하며 위로를 건넬 때
'우리 엄마가 제일 좋아'라고 말할 때

셀 수도 없이 행복한 순간들이 많았다. 그런데 그 시절은 눈 깜짝할 사이에 지나가 버린다. 엄마로서 지치고 힘들 땐 행복한 순간을 떠올리는 기지(機智)의 보석이 필요하다.

아이들 어릴 때 사진과 물건들을 가끔 꺼내본다.

배꼽을 내밀고 누워서 우유병을 빨고 있다.
얼굴에 이유식을 묻혀가며 먹는 모습에 웃음이 절로 난다.
알록달록 레이스 옷에 멋진 모자까지 정말 귀엽다.
앙증맞은 작은 핸드백을 들고 뽐내고 있다.

아이들이 적어준 편지를 읽어본다.

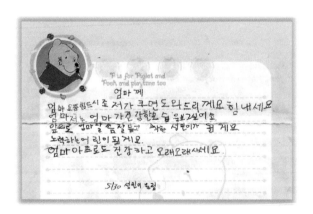

엄마, 요즘 힘드시죠? 제가 크면 도와드릴게요. 힘내세요.
엄마 저는 엄마가 건강한 모습을 보고 싶어요. 앞으로 엄마 말씀 잘 듣고 착한 성민이가 될게요. 노력하는 어린이가 될게요.
엄마 앞으로도 건강하고 오래오래 사세요. 성민이 올림

아들이 1학년 때 써준 이 편지를 보면 지금도 웃음이 난다.

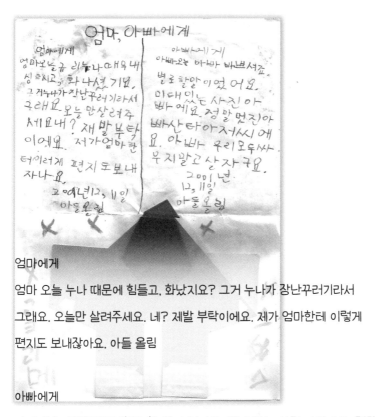

엄마에게

엄마 오늘 누나 때문에 힘들고, 화났지요? 그거 누나가 장난꾸러기라서 그래요. 오늘만 살려주세요. 네? 제발 부탁이에요. 제가 엄마한테 이렇게 편지도 보내잖아요. 아들 올림

아빠에게

아빠 오늘 바쁘셨죠? 별로 할 말이 없어요. 밑에 있는 사진 아빠예요. 정말 멋진 아빠산타아저씨예요. 아빠 우리 모두 싸우지 말고 살자고요. 아들 올림

장난꾸러기 누나를 한 번만 살려주라는 걸 보면, 아마도 내가 우리 딸을 여러 번 죽게 했던 모양이다. 또 아들이 '아빠와 엄마가 싸운 걸 눈치챘었구나' 싶어 부끄럽다. '그 시절 좋은 엄마가 돼보려고 기를 썼던 것이 결국은 애를 죽일 뻔했던 거구나' 생각하니 부끄럽기도 하고 긍정의 힘으로 잘 견딘 딸이 대견하다.

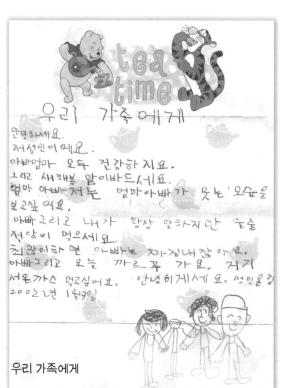

우리 가족에게

안녕하세요. 저 성민이에요. 아빠 엄마 모두 건강하지요? 그리고 새해 복 많이 받으세요. 엄마·아빠, 저는 엄마·아빠가 웃는 모습을 보고 싶어요. 아빠 그리고 내가 항상 말하지만, 술 좀 적당히 먹으세요. 많이 취하면 아빠는 짜증 내잖아요. 아빠 그리고 오늘 까*푸 가요. 거기서 돈가스 먹고 싶어요. 안녕히 계세요. 성민 올림

초등학교 2학년 때 애들이 쓴 편지다. 강의에서 만나는 수강자 엄마들이 하소연하던 상황이 내게도 있었다는 증거다. 엄마·아빠의 사이좋은 모습을 보고 싶다고 아들이 말할 정도로 들켰었다. 아들은 편지마다 사이좋은 부부를 원하고 있다.

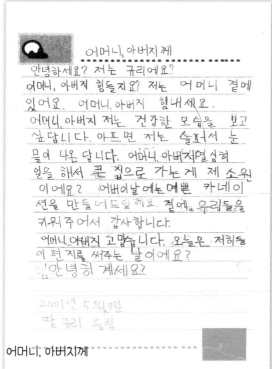

어머니, 아버지께

안녕하세요? 저는 규리예요. 어머니, 아버지 힘들지요? 저는 어머니 곁에 있어요. 어머니, 아버지 힘내세요. 어머니, 아버지 건강한 모습을 보고 싶답니다. 아프면 저는 슬퍼서 눈물이 나온답니다. 어머니 아버지 열심히 일을 해서 큰집으로 가는 게 제 소원이에요. 어버이날 예쁜 카네이션 만들어드릴게요. 우리를 키워주셔서 감사합니다. 어머니, 아버지 고맙습니다.

딸 규리 올림

딸은 편지마다 더 큰 집으로 이사를 하자고 썼다. 부모가 웃으면 애들은 덩달아 웃는데 많이 웃을 수 없었던 날들을 지나왔다.

유치원, 초등학교 때는 아이가 넘어져서 상처가 생기면, 나중까지 흉터가 남을까 마음이 쓰이고 걱정돼서 잠도 못 자고 보고 또 봤다.

"엄마 미워!" 소리쳐도 코웃음 치며 귀여워했다. "엄마 싫어~" 해도 겁나기는커녕 "그럼 엄마도 너 싫어할 거야" 했다. 나도 처음 해보는 엄마라서 몰랐기에 그렇게 말했다. 어느 날 아이가 할머니에게 서운했는지 "할머니 미워~"라고 하니 할머니는 지긋이 웃으며 **"그래도 할머니는 너 좋은데~"** 한다. 키워보신 분들은 아이가 퉁퉁거릴 때가 사랑이 더 필요한 때라는 것을 알고 있다. 지금 생각하면 헛웃음이 터진다.

중학생 시기는 한창 사춘기라 얄밉기도 한 때다. 그때 나는 애들이 유치원 다닐 때 썼던 카드를 안방 방문에 붙였다. 애들이 왜 붙인 거냐고 묻기에 지금 이 카드를 보기만 해도 그 시절이 재밌고 좋아서라고 대답했다.

초등학교 4학년 때는 예쁜 그림과 별, 하트, 달까지 선물한 편지로 고1 때는 상장으로 감동을 주더니, 대학교 1학년 때는 종이접기 카네이션이 돋보이는 깨알 정성 손편지로 진화한다.
상장의 내용 중에서 '위 박규리 어머니는 자녀에게 항상 희망과 사랑을 주시고, 친구처럼 이야기를 잘 들어주시고 고민도 잘 들어주시고'라는 부분은 지금까지도 내 가슴을 뭉클하게 한다. 대학생이 되더니 '마음이 따뜻해지도록 효도하겠다'고 적혀있다.

너무 좋아서 늘 그랬듯이 옷장에 붙였다. 며칠이 지나니까 언제 뗄 거냐고 묻는다. 그래서 초등학교 때 카드와 고등학교 때 상장을 찾아서 나란히 더 붙였다.

아이들이 성장하고 발전한 모습이 글씨와 문장에 드러나 볼 때마다 흐뭇하다. 중학생 때는 '키우느라 고생하셨고, 앞으로 더 잘하겠으니 건강하라'는 대견한 글귀도 쓰여 있다. 읽기만 해도 든든하다. 아이는 볼수록 마음이 찔리는지 자꾸 떼라고 한다. 나는 이 순간도 엄마라서 행복하다.

아이들은 어릴 때 부모를 실컷 웃게 하고, 커가면서는 웃게 한 만큼 울게 한다는 말이 있다. '총량의 법칙'이라고 불리는 대중이론이다. 그래서 어릴 때 웃었던 날들을 기억해야 한단다. 그 사진 속에 행복한 내 모습도 있다. 초등학교 때의 받아쓰기 노트나 일기장에 담임 선생님이 적어준 글을 읽다 보면 입가에 미소가 번진다. 금방 행복한 여행을 다녀온 것이다.

같이 자고 싶어요

> 아이 방을 만들었는데, 정작 아이는 엄마 방에서 자겠다고 하거나 자기
> 방에서 자는 것을 싫어해요. 왜 아이는 자기 방에서 안 자는 걸까요?

아이 방을 예쁘게 꾸며줬는데도 자기 방에서 안 자고 엄마와 자려 한
다고 하소연하는 분이 많다. 하지만 엄마랑 함께 자고 싶은 것은 아이
의 본능이기에 아이에게도 어느 정도 적응 시간이 필요하다.

부모들은 어느 시점이 되면 아이에게 방을 만들어주려고 계획한다. 빠
른 집은 아기 때부터 또는 동생이 생겼을 때, 유치원이나 초등학교를 들
어갈 때가 그때다. 자녀가 초등학교에 입학할 때가 다가오면 이사할 때
도 아이 방을 고려하는 경우가 많다. 그러나 대부분 이런 준비 과정에
서 아이와의 대화가 빠져있다. 여기서부터 문제가 시작된다.

어느 날 갑자기 아이에게 "자, 여기가 네 방이야. 좋지? 이제 너는 여기서 자는 거야"라고 말하는 것은 마치 결혼을 앞두고 예비 시어머님이 의논 없이 혼자 신혼 방을 꾸민 경우와 같다. 신혼 방의 도배며 가구를 시어머니 취향으로 사고 깜짝 선물이라면서 "내가 특별히 신경 써서 꾸며봤다. 여기서 행복한 신혼살림을 시작하렴" 하는 경우로 표현할 수 있다. 이때 아이 마음이 어떨까?

자녀에게 방을 만들어줄 때도 영화의 예고편처럼 앞으로 어떤 일을 맞이하게 될 것인지 미리 알려주고 의견을 묻는 대화가 필요하다. "아빠랑 엄마는 연주가 초등학생이 되면 방을 만들어줄 계획인데, 연주 생각은 어떠니?"라고 미리 물어본다. "와~ 좋아요. 나도 내 방 생긴다!" 또는 "난 내 방 필요 없어요. 엄마 방이 더 좋아요"라고 할 수도 있다. 자기 방이 생긴다고 좋아하고 긍정적으로 받아들이는 아이는 문제가 없다. "난 파란색 벽지가 좋아요""침대는 내가 선택할 거예요""책상도 사줄 건가요?"라고 신나서 재잘대는 아이의 의견을 잘 듣고 반영해주기만 하면 된다.

동화책 속 주인공이나 드라마 속 아이들처럼 아이가 밤이 되면 "안녕히 주무세요!" 인사하고 자기 방으로 간다면 발달 단계상 잘 성장하고 있는 것이다. "엄마·아빠 방 그리고 우리 연주방, 와~ 우리 집도 이제 동화 속에 나오는 집처럼 되겠네. 엄마도 설렌다" 이렇게 서로 대화하면서 방을 준비하는 것이다.

그렇다면 "난 엄마방에서 자는 게 더 좋아요! 내 방 필요 없어!"라고 부정적으로 반응하는 아이는 어떻게 해야 할까? 우선 왜 자기 방이 생기는 것이 싫은지 아이의 말을 들어줘야 한다. 대개 두 가지 이유가 있다.

첫 번째는 부모님과 떨어져 자는 게 불안하고 무서운 경우다. 어느 날 갑자기 아이에게 "너는 오늘부터 이 방에서 자는 거야"라는 일방적인 통보는 청천벽력이다. 지금까지 계속 엄마가 곁에 있었는데 갑자기 혼자 잘 생각을 하니 덜컥 겁부터 나는 것이다.

그럴 때는 "엄마는 우리 수민이가 초등학생이니까 씩씩하고 의젓한 모습을 보고 싶어. 드라마에서 애들이 '엄마·아빠 안녕히 주무세요' 하고 방으로 들어갈 때마다 참 의젓하다고 생각했거든. 동화책 속에 나오는 애들도 잘 시간이 되면 '엄마·아빠 안녕히 주무세요' 하고 인사하고 잠자러 가잖니? 이제 우리 수민이도 많이 컸으니까 씩씩하게 혼자 잘 수 있을 거야"라고 잘 설명해야 한다.

"엄마는 민수가 이번 방학이 끝나고 개학하면 2학년이니까 민수 방에서 자는 모습을 기대할게. 왜냐하면 민수가 씩씩하고 의젓하게 행동하면 더 믿음직할 거니까."

아이가 12개월일 때를 생각해보자. 혼자 걷지 못하면 혹시 너무 늦되는 것은 아닌지 무척 걱정했었다. 제때에 다른 아이들처럼 성장발

달을 해야 한다고 믿었기 때문이다. 그런데 초등학생이 자기 방에서 자지 못한다면 늦된 것이다. 이것은 마치 국어, 영어, 수학 중 어떤 한 과목에서 매우 낮은 성적을 받는 것과 같다. 그래도 괜찮다고 할 수 있겠는가?

이미 초등학생 자녀가 아직도 부부 방에서 자고 있다면 예고적인 대화를 시도하고 단계적으로 분리하자.

두 번째는 동생이 있는 경우다. 엄마가 동생은 데리고 자면서 자기한테만 "네 방에 가서 자"라고 하면, 첫째 아이가 느끼는 감정은 '서러움'이다. 동생은 아직도 엄마랑 같이 자는 걸 보니 동생은 엄마에게 사랑받고 있다. '이제 엄마는 내가 싫은가? 귀찮은가? 나를 유배지로 보내려고 한다'고 느낄 수 있다. '나는 이제 덜 사랑 받는구나'라고 느낀다. 그럴 때 엄마·아빠랑 같이 자는 동생이 부러우면서 슬프고 무섭다.

첫째 아이의 방을 만들었다면 과감하게 동생도 아이 방으로 보내야 한다. 만약 둘째가 너무 어리다면 조금 귀찮더라도 엄마가 자녀 방에 가서 잠을 재우고 부부 방으로 돌아오기를 권한다. 남편에게 안방에서 편안한 잠을 잘 수 있도록 하는 것, 또 어떤 날은 아내에게 안방에서 편안한 잠을 자게 하고 아빠가 아이를 재우고 돌아오는 방법을 권한다.

반대로 부모가 자녀와 함께 자는 것을 선호하는 집도 있다. 엄마는 잠자리를 거부하기 위한 핑계로, 아빠는 집에서 잘 때라도 조용히 혼자 있고 싶어서 거실로 나가버리는 경우다. 이러면 시간이 갈수록 엄마와 아이만 끈끈해지고 아빠 혼자 단절될 수 있으니 시급히 바로잡아야 한다. 아이가 엄마에게만 의존하는 것이 과연 자녀의 문제인지 부모의 문제인지 되돌아보자.

수강자 실천 사례 2.
그럼 함께 자요

"선생님, 아이가 저랑 자는 걸 당연하게 생각하고 아빠에게 나가라고 소리 질러요. 부부 사이는 특별히 나쁘지 않아요. 그래도 어떤 때는 아이 핑계로 아이랑 둘이 자는 게 편해요. 한편으로는 곧 둘째가 태어나면 어떡해야 할지 고민돼요."

가정생활에서 드러나는 위계는 중요하다. 부부가 우선이고 그다음이 자녀다. 부부 방에서 부부가 자고, 아이는 아이 방에서 당연히 자야 한다. 안방에서 계속 엄마랑 자다 보면 아빠에 대한 권위는 어떻게 될까?

5세 아이는 엄마 말을 잘 이해할 수 있다. 이런 경우는 결혼 앨범을 꺼내서 보여주는 것으로 시작한다.

"이거 봐봐. 누굴까? 엄마랑 아빠야. 너는 없지? 네가 태어나기 전이라서 그래. 엄마랑 아빠는 엄청 사랑해서 결혼했어. 자, 이 사진을 보면 엄마가 배가 불룩 나왔다. 그지? 여기에 우리 민수 가 있어. 요건 민수가 태어났을 때다. 정말 귀엽고 사랑스럽다. 엄 마는 네가 태어난 날 정말 신기하고 행복했어. 민수야~ 사랑해."

"민수가 우리 집 보석이야. 아빠랑 엄마는 민수를 제일 사랑해. 그런데 순서가 있어. 아빠랑 엄마가 먼저 만났고 그런 다음에 민 수가 태어난 거야. 우리에게는 네가 제일 소중하고 예쁘단다. 우 리 셋은 서로 사랑하는 가족이야."

"엄마는 아빠랑 민수랑 둘 다 사랑해. 네가 아기 때는 엄마가 돌 보느라 아빠가 자리를 비켜줬지만, 지금은 유치원에 다니는 나이 야. 아직도 너랑 침대에서 자면서 아빠를 바닥에서 자게 하는 것 이 엄마는 마음 한쪽이 슬퍼. 아빠도 사랑하는데 우리 둘이만 침 대에서 자는 것이 마음이 불편해."

사진으로 관계를 설명하고 이해시켰더니 아이가 "그럼 아빠랑 셋 이 같이 자자"고 제안했다.

내 엄마 맞아요?

> 초1 아이가 학교에서 돌아오자마자 "엄마, 빨리 나와요!" 하고 현관에서 소리친다. "친구 형이 놀이터에서 나를 때렸어. 나는 형이 없으니까 엄마가 대신 같이 가서 혼내줘요!" 한다.

이런 경우 대부분 엄마들은 현관으로 나갈까, 들어와서 자세히 말해 보라고 할까? 보통은 아이 말이 끝나기 무섭게 "알았으니까 들어와, 들어와서 차근차근 말해봐"라고 말한다. 아이는 신발을 벗지 않고 얼른 나가서 그 형이 가기 전에 혼내줘야 한다고 조급해한다. 끝끝내 엄마가 따라나서지 않으면 아이는 "내 엄마 맞냐"며 서운해한다.

아이는 지금 엄마에게 마음을 알아달라는 것인가, 상황을 정확히 판단해달라는 것인가?

이럴 때 조금 다르게 대처하자. 우선 아이가 급하게 소리를 지를 때 엄마는 현관으로 빨리 나가 신발을 신어야 한다. 아이를 따라나서 겠다는 행동을 보여줘야 안심하고 '내 엄마구나!' 생각한다. 엄마가 신발을 신으면 아이는 든든한 내 엄마가 지원군이라는 생각에 진정 하고 차분히 상황을 설명할 수 있다. 신발을 신었다고 해서 바로 그 형을 혼내주러 출발하는 것이 아니라는 말이다.

우선 엄마의 행동으로 아이를 진정시키고 상황을 잘 들어본 다음 아이가 이끄는 대로 따라나선다. 조금 걷다가 발길을 멈추고 아이에 게 질문한다.

"엄마가 그 형을 만나면 뭐라고 말해야 할까?"
"일단 혼내줘요!"
"그 형도 화나서 자기 엄마를 데리고 오면 어떡하지?"
"그럼 또 싸워요!"
"그러면 싸움이 엄청 커져서 아빠도 알게 될 텐데? 우리 수민이 어제 아 빠한테 씩씩하다고 칭찬받았잖아. 아빠가 속상하겠다."

이런 식으로 차분히 아이를 달래주는 것이 좋다. 중요한 것은 하던 일을 멈추고 일단 아이를 따라나선 후에 대화를 시도하는 거다. 이 게 바로 아이가 원하는 '내 엄마'다. '내 엄마'를 한다고 무조건 내 아이 편을 들어주라는 것이 아니다. 내 아이 마음을 먼저 살펴주고 난 다음에 상대를 배려하라는 것이다.

아이가 '내 엄마'를 필요로 하는 시기는 정말 짧다. 학년이 올라가면서 엄마가 나서면 일이 더 커진다는 것을 알기에 오히려 아이가 말을 안 하는 경우가 점점 늘어나기 때문이다.

수강자 실천 사례 3.
'내 엄마' 먼저 하기

옆집 아줌마랑 친구가 우리 집에 놀러 왔다. 새로 산 내 장난감을 친구가 가지고 놀려고 해서 안 된다고 했다. 그랬더니 엄마가 아줌마 얼굴을 한 번 쳐다보고는 친구가 가지고 놀게 주라고 한다. 아~ 나는 싫은데 왜 엄마 마음대로 내 장난감을 주라고 하는지 불만이다. 결국 친구가 내 장난감을 가지고 놀다가 망가뜨렸다. 나는 친구를 쳐려보고 물어내라고 소리를 질렀다. 그런데 엄마가 "괜찮아요. 놀다 보면 그럴 수도 있지" 한다. 아무래도 우리 엄마는 내 엄마가 아닌가 보다.

친구는 미안해하며 내 눈치를 본다. 아줌마는 미안하다고만 하고 새로 사준다는 말은 안 한다. 눈물이 나온다. 그런데 엄마가 내 등을 한 대 때리면서 친구한테 그러는 거 아니라고 혼낸다. 뭐 이런 거로 울고 어른한테 소리치느냐고 나를 혼낸다
이때는 '내 엄마'가 아니라 '교양 있는 아줌마'일 뿐이다. 상대가 너무 미안해하면 얼른 그 상황을 벗어나게 돕는 아름다운 배려가 있

는 교양 있는 아줌마. 그래서 내 아이는 나중에 달래줄 생각으로 상대를 먼저 배려한다. 그렇다면 아이가 바라는 '내 엄마'의 모습은 어떤걸까.

"우리 아둘이 원래 장난감 잘 나눠서 노는 거 알죠? 그런데 이 장난감은 여러 번 조르고, 아빠한테 어렵게 선물받은 거예요. 특별한 의미가 있는 장난감이라서 그래요. 산 지도 며칠 안 돼서 아직 몇 번 못 갖고 놀았어요. 그래서 선뜻 못 빌려준 거랍니다." 이렇게 먼저 아이 마음을 대변해줘야 한다. 그래야 아이도 선뜻 "그러니까 조심해서 가지고 놀아야 해" 하고 친구에게 빌려줄 수 있다.

친구가 장난감을 고장 냈을 때도 엄마는 아이가 화낸 것만 먼저 야단치고 난처해 하는 친구를 배려했다. 우선은 '내 엄마'로 내 아이 마음을 알아줘야 한다.

"어머~ 이 장난감은 수민이가 아빠한테 졸라서 어렵게 산 거야. 며칠 안 돼서 수민이도 별로 못 갖고 놀았는데... 망가지니까 너무 속상해서 우는 거야. 우리 수민이 지금 속상해서 그런 거지, 예의 없는 애가 아닌 거 알죠?" 이렇게 아이 마음을 대신 말해준다면, 아이는 울다가도 "그러니까요" 하면서 울음을 멈출 수 있고 엄마에게도 신뢰가 생긴다.

아이 마음을 먼저 챙겨서 말해주는 게 '내 엄마'다. 엄마의 말을 듣고 아이의 사정을 알게 되면 친구랑 친구 엄마가 더 진심으로 사과하게 된다. 그런 다음에 아이의 동의를 구해서 친구를 배려하는 방법이 바람직하다. 엄마가 일방적으로 괜찮다고 하면 내 아이가 배려할 기회를 빼앗은 것이다.

특히 이 경우는 부모가 함께 있는 자리라서 더욱 그렇다. 아이의 속상한 마음을 엄마가 대변해주는 시간을 가지면 속상한 감정이 빨리 내려올 수 있다. 아이는 망가진 장난감보다도 엄마가 나 대신 괜찮다고 인심 쓰고, 교양 있는 태도를 하는 것이 더 속상하다.

우선은 내 아이의 마음을 읽어주는 내 엄마를 먼저 하고 교양 있는 아줌마는 좀 천천히, 나중에, 때로는 다음 날 해도 된다.

집사람 좀
말려주세요

> "선생님, 아내가 애들을 야단칠 때 제 마음이 불편합니다. 집사람 성격을 잘 아니까요. 좀 말리려고 했다가 저도 아내한테 야단을 듣게 됩니다. 이럴 때 아내를 잘 말리는 방법 좀 알려주세요."

아내가 아이들을 야단칠 때 어떻게 말려야 하는지는 아버지 교실에서 제일 많이 받는 질문 중 하나다. 이 질문 속에는 아내와 잘 지내고 싶다는 마음이 담겨있다. 옆에 있던 다른 아버지는 "아~ 우리 집도 장모 딸이 내 딸을 맨날 혼내고 괴롭힙니다"라고 익살스럽게 한마디 한다. 다들 웃음이 터져서 이후로 가끔 강의에 인용하고 있다.

그렇다면 아내가 아이를 혼낼 때 올바른 행동은 무엇일까? 중요한 포인트는 아버지 몸이 아내 옆으로 가는지, 아이 옆으로 가는지다.

행동 ①과 ② 중에 선택해보자.

행동 ① : 아이 옆으로 가서 두 팔로 아이를 안으면서 아내를 향해
"그만 좀 해. 충분해"라고 말한다.

행동 ② : 아내 옆에서 아내 등을 손다리미하면서 이렇게 말한다. "딸! 엄
마가 너 사랑하는 거 알지? 엄마가 걱정돼서 말하는 거야. 그렇
지 여보?"

정답은 당연히 ②번이다. ①번과 같이 행동하면 아내는 '두 김(金)씨
가 나를 공격하는구나!'로 받아들여서 더 화를 낸다.
하지만 ②번처럼 아내를 먼저 배려하면 "그니까 말예요" 하면서 응
원해주는 남편 덕분에 빠르게 이성적인 아내로 돌아온다. 남편이
자기의 편을 들어줬다고 느끼기 때문이다. 하지만 실제 상황에서는
당황한 나머지 ①번과 같은 행동을 취하기에 십상이다.

나는 이 예를 들어주며 이렇게 말한다.
"아버님, 내 딸을 보호하려면 장모 딸이 기분 좋게 해주세요."
아내도 마찬가지다. 반대 상황이라면 내 아들을 먼저 챙기지 말고
어머님의 아들을 먼저 챙기면 된다.

행동②에서 중요한 부분은 부부가 먼저라는 점이다. 부부의 권위를

세울 수 있을 때는 서로를 먼저 도와야 한다. 아빠의 권위는 엄마가 만들어주는 것이고, 엄마의 권위는 아빠가 만들어주는 것이다. 그렇게 하면 부부의 권위는 결국 자녀가 세워준다.

상대가 세워주면 권위, 내가 주장하면 권위적이 된다. "내가 남편(아내)이니까"라고 스스로 주장하면 상대는 권위적이라고 느끼게 되고 결국 밉상이 된다. 부부가 서로 권위를 세워주는 것이 공존, 상생의 방법이다. 아이들에게 "네 아빠 때문에 정말 신경질 난다" "네 아빠가 문제다" "네 엄마 성격이 원래 좀 그렇잖아. 아빠도 질린다니까" 이런 말을 하면 결국 부메랑으로 내게 돌아온다.

엄마·아빠가 서로를 챙기는 말을 하고 권위를 세워준다면 아이들은 두 분을 모두 존경하게 된다.

"아빠니까 엄마가 성질 내도 참아주는 거야. 그래서 아빠 좋아하잖아."
"엄마가 말은 저렇게 해도 너를 엄청 사랑해. 지금 다른 일로 속상한 거 같다."
"봐라, 아빠도 피곤할 텐데 엄마가 부탁하면 들어주잖아. 옛날부터 그랬어. 사랑하는 사람들은 그러는 거야."

수강자 실천 사례 4.
권위 세우기

옆집 아줌마들과 담소를 나누는데 아이가 갑자기 다가온다. 아줌마들 사이를 뚫고 다가오더니 "엄마, 빨리 집에 가자. 응? 빨리 집에 가자" 하고 징징거리며 엄마를 잡아끈다. 그때 옆집 아이가 오더니 "아줌마, 안녕하세요? 안녕하세요? 안녕하세요?" 모두에게 각각 인사를 하고 "엄마, 집에 언제 가요?"라고 말한다.

옆집 아이처럼 행동하는 것이 바로 엄마의 권위를 세우는 것이다. 부모의 권위는 자녀가 세워준다. 부모가 이야기하면 다소곳이 "예" 하는 것이 권위를 세워주는 것이다.

그러려면 어떻게 해야 할까? 엄마들은 인사(人事)에 특히 예민하다. 인사(人事)는 뜻풀이 그대로 사람이 하는 일이고 예의다. 친구처럼 인사해야 한다고 그 자리에서 혼내야 하는가? 우리 아이가 인사를 잘했을 때 따로 손잡고 "네가 인사를 잘해서 엄마가 엄청 기분이 좋았어""엄마가 말 안 했는데도 네가 인사하니까 자랑스럽더라""네가 인사 잘한다고 지민 엄마도 칭찬하고 부러워하더라"라고 칭찬해주면 인사는 저절로 더 잘하게 된다. 칭찬은 고래뿐 아니라 우리 아이도 춤추게 한다.

119
112

나도 아빠 역할 하고 싶어

쉬는 날 잠만 자던 남편이 실컷 자고 일어나서 갑자기 아이를 부른다. "너 아빠가 오라고 하면 얼른 와야지!" 호통을 친다. 아내는 그런 남편이 못마땅하다. 같이 놀아주라고 할 때는 피곤하다고 자더니 잘 놀고 있는 아이를 불러서 왜 저렇게 아이 마음을 건드리는지 모르겠다.

남편들은 평상시에는 아이들한테 별로 신경을 안 쓰는 것처럼 보인다. 그런데 이렇게 실컷 자고 나서 아이를 부를 때가 바로 아빠 역할을 하고 싶은 때다. 그러면 "아빠 역할은 하고 싶을 때만 하는 게 아니다"라는 말이 목 끝까지 치민다. 사실 그 말이 맞다.

엄마들만 '내 새끼'라고 하는 것이 아니다. 남편들도 자녀를 '내 새끼'라고 표현한다. 누구나 자식은 보고 또 봐도 예쁘다. 남자는 어릴 때부터 처자식을 먹여 살리는 게 남자의 의무라고 세뇌당하며 자랐다. 그래서 남편은 아이가 태어나는 순간 기쁘면서도 무거운 책임감을 느끼고 직장생활에 더더욱 매진한다.

그런데 자녀가 커갈수록 아빠들의 사회적 위치는 불안해진다. 다양한 스펙으로 무장한 신입사원들은 무서운 기세로 올라오고, 위에서는 승진을 보장해주지 않는다. 이런 상황에서 어떻게든 버티며 생계를 걱정하는 게 가장이다. 직장에서 받은 스트레스와 피로를 풀려면 쉬는 날은 우선 좀 자야 한다. 미워하지 말자. 남편도 무척 힘겹다.

그래서 주말이면 남편은 일단 푹 쉰다. 몸 상태가 나아지면 좋은 아빠 역할을 해보고 싶다. 그런데 뭘 어떻게 해야 할지를 모른다. 엄마도 처음 하는 엄마라서 내 엄마의 방식이 익숙하듯이 아빠도 그렇다. 본인도 아버지와 즐겁게 놀았던 기억이 없기 때문이다. 아이를 어떻게 대해야 할지 어색하기만 하다. 그러면 아이도 똑같이 어색해한다. 아내의 기지가 필요한 순간이다.

"사랑하는 아빠가 우리 수민이 부르네. 좋겠다."
"아빠는 수민이가 사랑스러워서 부르는 거야."
"수민이는 좋겠다. 아빠가 사랑해줘서."

이렇게 말하고 아빠 옆에서 응원한다. 그런 후 재미있게 잘 놀아주려면 엄마는 아빠 옆에 앉아서 아빠를 칭찬하면 된다.

"친절한 아빠가 재미있게 잘 놀아주네"

"아빠가 민호를 엄청 예뻐하네"

"아빠가 풍선을 불어주니까 더 크게 불어진다"

"아빠가 힘이 엄청 세지? 와~ 멋지다"

라고 칭찬해주면 더 잘하게 된다.

남편도 아내의 응원을 받으면 훨씬 자연스럽게 아빠 역할을 잘 할 수 있다. 아이 옆으로 엄마의 몸이 가거나 엄마랑 아이가 한 팀이 되면 아빠는 두 사람과 맞서서 대응하는 혼자가 된다. 반면 남편과 아이가 한 팀이 되면 자연스레 아빠에게 의지하게 된다.

수강자 실천 사례 4.
아빠와 하는 놀이

아이들과 아빠가 할 게임을 소개한다. 식사 후에 거실에서 손바닥 밀치기 게임을 한다.

아빠는 발을 모으고 서고, 손바닥을 앞뒤로 전진과 후진만 가능하다. 반면 아이들은 발도 편하게 벌리고 서고, 손바닥을 상하좌우로 피할 수 있다. 아이들이 몸이 잽싸서 만만치 않은 게임이다. 이 게임은 가족의 스킨십과 웃음을 목표로 한다.

아들과 아빠가 침대 위에서 1분 레슬링을 한다. 스킨십이 많아서 금방 친해진다. 아빠가 일부러 좀 져주는 것은 기본이다. 엄마가 양념 멘트를 해줘야 더 재미있다. 1분 알람을 맞추고 시작! 아빠가 아이를 너무 거칠게 다루면 "여보, 사랑하는 내 아들 좀 봐줘요"라고 부탁 멘트를 한다. 그리고 아빠가 엄청 센 힘을 가지고 있다고 인정해주는 멘트도 한다. "강철 파워~ 수민 아빠 이겨라""사랑하는 아들 수민이 이겨라""헷갈린다. 그냥 둘 다 이겨라" 하다 보면 1분이 금방 지나간다. 이렇게 1분 레슬링을 하다 보면 아들은 점점 키가 커지고 힘이 세져 아빠에게 도전장을 낸다.

딸과 아빠의 게임으로 '뿡빵게임'을 한다. '가위바위보'로 술래를 정한다. 이긴 사람이 술래의 얼굴 코와 턱을 자유롭게 손가락으로 터치한다. 코를 터치하면 술래는 "뿡" 하고 소리를 낸다. 턱을 터치하면 술래는 "빵" 하고 소리를 낸다. "뿡빵빵뿡뿡빵빵" 틀리면 또 술래가 된다. 의외로 아빠들의 승률이 높다.

그 친구랑 놀지 마!

아이가 사귀는 친구가 맘에 안 든다고 "그 친구랑 놀지 마!" 하면 절대 "네, 엄마. 그 친구랑은 이제 안 놀게요"라고 말하지 않는다. 대신 앞으로 엄마에게는 친구 얘기를 안 한다. 억박지를수록 점점 엄마에게 숨기는 게 많아진다.

내 아이는 왜 그 친구를 좋아할까? 아이가 원하는 것을 그 친구가 가지고 있기 때문이다. 엄마가 관심을 가져야 할 부분은 바로 무엇이 그 친구를 좋아하게 만드는가다. 아이는 친구를 많이 사귀고 싶으면 인기가 많은 친구 옆으로 찾아가고, 축구를 잘하고 싶으면 축구 잘하는 애 옆으로 간다. 엄마는 먼저 자녀가 좋아하는 친구의 장점을 묻고 인정해주는 표현을 해야 한다.

"네 친구는 엄마한테 인사를 기분 좋게 하더라."

"친구의 어떤 점이 마음에 드는지 궁금해."

"오늘 같이 온 친구가 그림을 잘 그린다는 그 친구니?"

"우리 민규가 제일 좋아하는 민수 왔네. 둘이 친하게 지내니까 참 보기 좋고 든든하구나."

"현수도 축구 같이 하는 친구니? 엄마도 운동 좋아해."

"같이 놀러 나가니? 잘 다녀오고, 또 놀러 와라."

"너도 자전거 잘 탄다면서? 멋지다!"

"우리 규리 숙제를 도와줬다고 들었어. 고맙다."

"우리 반 응원하는 율동 만든 친구라고? 훌륭하다."

친구 관계는 매우 중요하다. 초등학교 때는 친구 관계가 잘 드러나지만, 중학생부터는 부모가 친구에게 부정적일수록 친구를 공개하지 않는다. 내 친구에 대해 엄마가 부정적으로 이야기하는 것("좀 불량해 보이더라, 옷을 좀 이상하게 입었더라, 부모님은 계신 집이니, 학생이 가방이 그게 뭐야" 등)은 결국 아이와 엄마의 관계를 부정적으로 만든다.

좋은 친구를 사귀게 하는 것은 어렵다. 아이가 좋은 친구만 사귀길 바라는 것보다 내 아이가 좋은 친구가 되게 하는 방법이 훨씬 지혜로운 길이다. 어떤 친구든 집으로 편하게 데려올 수 있는 환경을 만들어주는 것도 중요하다. 아이들은 친구와 나를 동일시하기 때문에 자녀의 친구를 손님으로 대해주고 배려해주면 자신을 존중하고 배려하는 것으로 여긴다. 그러면 자녀와 부모의 관계도 돈독해진다.

아이가 중1 때 학교 일진인 A와 친하다는 것을 다른 엄마에게 들었다. A는 우리 집에 와서 밥도 먹고 자고 간 적도 있다. 깜짝 놀라서 아들에게 물어보니 그 아이가 먼저 다가온 것이 아니라 아들이 A에게 다가갔다고 한다.

왜소한 체격의 아들은 A와 친분을 가지니까 다른 아이들이 괴롭히지 않아서 좋다고 했다. 우리 아이에게 그 친구가 필요한 것이었다. A는 담배를 피우지만 피라고 강요하지 않는다고 했다. 다른 엄마들은 A가 몹시 불량해 보인다고 했지만 나는 처음부터 선량하게 봐서인지 A도 평범한 아이처럼 보인다.

필자는 나쁜 아이를 본 적이 없다. 누구에게는 나쁜 아이일 수 있으나 모두에게 나쁜 아이는 없다. 사람은 본능적으로 자기를 선(善)한 눈빛으로 보는 이에게 선하게 대한다. 아이들도 그렇다. 상담실에서 만난 '문제 학생'이라고 불리는 학생들도 마찬가지다. 이야기를 나누다 보면 그저 아이일 뿐이다. 사랑으로 돌봄을 받지 못한 것이 안쓰러울 뿐이다.

내 아이만 잘 키워서는 안 된다. 옆집 아이도 잘 자라줘야 한다. 어른들이 아이들을 곱고 예쁘게 대해줘야 한다. 학년이 바뀌면 친구도 바뀌게 마련이다. 새 학년이 되고 새로운 학급 구성원을 만나면 당연히 새 친구가 생긴다. 우리 아이가 잘 성장하기 위해서는 마찬가지로 사랑받으며 자란 다양한 친구들이 필요하다.

> "초6 딸아이가 화장해서 걱정이에요. 친구들도 다 하는데 엄마만 야단친
> 다고 오히려 화를 내요."

요즘 초등학생 여자아이들은 용돈이 생기면 어디로 갈까? 화장품 가게가 인기다. 지금은 초등학생도 화장에 관심을 가지고 다양한 화장품을 구매한다. 아이들끼리 주고받는 생일선물 인기 1순위가 화장품일 정도다. 사춘기가 되면 자신과 타인의 외모에 관심이 늘어나고 점점 더 꾸미려고 한다. 매일 아침 앞머리 모양을 만드느라 드라이기와 전쟁을 치른다. 집 앞 슈퍼에 갈 때도 모자를 썼다 벗었다 하고 입술에 틴트를 바른다.

화장하는 남학생도 두 배 이상 늘었다는 뉴스 기사가 나올 정도로 아이들에게 화장은 유행이다. 남자아이들도 자기만을 위한 올인원 로션과 선크림을 원한다. 아이들 화장품 가격이 2,000~3,000원인 경우도 많다. 10대 아이들 처지에서는 나만 안 할 수 없다.

학생이 무슨 화장이냐고? 화장을 안 하는 애가 촌스럽다고 따돌림까지 당한 사례도 있다. 걸그룹을 보면서 예뻐 보이고 싶어서 쌍꺼풀 테이프를 붙이고, 여드름 자국을 감추기 위해 화장한다. 어린 나이에 화장하면 피부가 나빠진다고 말해도 소용없다. 그보다는 이미 시작된 화장에 대한 관심을 인정해주는 것이 좋다. 그다음 올바른 피부관리나 화장법을 하나씩 알려주면 된다. 무조건 못 하게 할 것이 아니라 아이와 함께 순한 화장품을 찾아보거나 연하고 자연스럽게 화장하는 법을 가르쳐주자.

약속과 거짓말

엄마들은 아이가 약속을 안 지킬 때 제일 많이 화난다고 말한다. 어떤 약속을 안 지키는지 물어보면 "숙제를 해놓기로 했는데 안 했다" "자기가 할 일은 스스로 하기로 했는데 안 한다"고 한다. 그러니까 아이다. 어른도 스스로 잘하지 못하는 경우가 많다. 약속이 잘 안 지켜지는 데는 그럴만한 이유가 있다.

"약속을 안 지키니까 그게 제일 문제예요."

무엇이 문제일까? 처음부터 그 약속에 문제가 있다. 엄마가 일방적으로 받아낸 약속이기 때문이다. 서로 충분히 합의한 약속이라면 실행력이 커질 수 있다. 그러나 억지로 한 약속이라면 마지못해서 해야 한다. 힘센 사람이 제안하면 힘이 약한 사람은 하기 싫거나 무리한 조건이라도 그저 받아들여야만 하는 경우가 많다. 그래서 약한 동력으로 약속을 실행하는 '척'만 하는 것이다. 개선책(해결책)을 부모가 다 정하고 통보하면 약속 실행이 잘 안 된다. 동기부여가 잘 돼야 실행력이 커질 수 있다. 문제를 충분히 인식시키고 스스로 개선점을 찾도록 돕는 방법이 제일 좋다.

아이는 엄마의 잔소리에 매우 민감하다. 평안한 마음일 때 정한 약속과 불편한 관계에서 정한 약속은 그 실행력이 다르다. 서로가 약속을 정하는 과정에 동등하게 참여해야 잘 지킬 수 있다. 실천 가능한, 작은 성공을 위한 약속을 먼저 정한다. 자녀가 약속을 잘 지키도록 도와주고 인정해주고 훈련하는 노력이 필요하다. 약속이 지켜지지 않았을 때 엄마의 결론이 '네가 문제'라고 한다면 더 나아지기가 어렵다.

숙제를 다 하면 아이를 칭찬하는가? 엄마가 기뻐하면 숙제를 먼저 한다. 그런데 숙제를 다 했다고 말하자마자 엄마가 학습지 몇 장을 더 풀라고 하거나 글씨가 엉망이라고 하니까 숙제가 싫어진다. 아이들은 엄마가 기뻐하는 일을 우선순위로 둔다. 지금 마친 숙제를 인정해주고 칭찬해준다면 숙제하는 데 걸리는 시간이 더 짧아진다.

자녀가 숙제를 다 했다고 하면 "우아, 네가 숙제를 다 했다고 말하니까 엄마 기분이 엄청 좋다" "네 숙제가 계속 신경 쓰였는데 잘했다. 엄마가 개 스스로 할 일을 했을 때도 마찬가지로 "엄마가 말하지 않았는데도 잘 했구나! 의젓하고 믿음직하네. 엄마를 기분 좋게 해준 거니까 오늘도 엄마 한테 효도했구나!"라고 말한다.

반대로 부모가 아이와의 약속을 잘 지키고 있는지도 생각해보자. 아이와 약속을 어기는 횟수가 증가할수록 부모에 대한 실망이 커진 다. 부모가 자녀와의 약속을 어기면 아이는 실망하고 부모에게 사 랑받지 못하는 것으로 느끼기도 한다.

"아이가 거짓말을 하는데 어떻게 해야 하죠?"

자녀의 거짓말도 큰 고민거리다. 자녀가 거짓말하다 들키면 대개 크 게 혼낸다. 물론 초등 저학년 아이들의 거짓말은 단호하게 훈육을 하는 것이 옳다. 정말 모르고 한 거짓말은 그때까지다. 그러나 초등 고학년 이후의 거짓말에 대해서는 생각을 해볼 필요가 있다.

"왜 거짓말했다고 생각하세요?" "말하면 안 된다고 할 거 같아서겠죠." "주로 어떤 일을 안 된다고 하나요? 그럼 해도 된다는 일은 무엇인가요? 똑 같은 일인데도 어떤 날은 되고, 어떤 날은 안 된다고 한 적 있나요?"

아이들은 왜 거짓말을 할까? 아이들은 엄마에게 잘 보이려고 거짓

말한다. 동의하는가? 엄마 집에서 계속 살아야 하고, 혼나는 것이 무섭고, 미움받을 것이 두렵고, 부모님을 걱정시키고 실망하게 하는 것이 두려워서다. 결론은 부모에게 잘 보이기 위해서다. 그리고 자신의 안전을 위해서 거짓말을 선택한다. '내가 이 말을 했다가는 맞아 죽을 거야''용돈을 안 줄 거야''내가 진실을 얘기해도 엄마는 안 믿어. 어차피 안 믿으니까 거짓말하자'와 같이 생각한다.

기본적으로 아이는 엄마 말을 잘 듣는다. 하지 말라는 건 되도록 안 한다. 어릴 때는 엄마 말이 절대 법칙이지만 크면 클수록 상황이 달라진다. 엄마들이 옆집 아이와 우리 아이를 비교하듯이 아이도 우리 엄마와 다른 집 엄마를 비교하기 시작하기 때문이다.

'우리 엄마는 절대로 오락실 가면 안 된다고 했는데, 친구 엄마는 한두 시간 정도는 흔쾌히 허락해준다. 친구 엄마가 허락해주는 걸 보니 엄청 나쁜 일은 아니겠지? 그냥 엄마 몰래 가야겠다.' 이런 식으로 거짓말이 시작된다.

아이가 엄마 속 썩이려고 작정하고 거짓말하는 것일까? 그건 아니다. 엄마는 아이의 거짓말이 일부러 그런 것이 아니라는 선(善)함에 집중해야 한다. 아이가 거짓말하는 건 엄마를 속이는 게 목적이 아니라 강렬하게 원하는 욕구 충족을 위해서거나 부모님을 실망하게 하는 게 두려워서인 경우가 가장 많다.

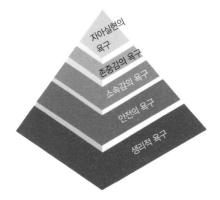

1단계 : 배고픔과 수면, 배설 등 생리적 욕구

2단계 : 자신이 편안하다는 것을 믿고 안심할 수 있는 안전의 욕구

3단계 : 가족이나 학교, 친구들의 집단에 속해있다는 소속감의 욕구

4단계 : 자신이 타인으로부터 존중받고 있다는 자아 존중감의 욕구

5단계 : 자신이 원하는 걸 알고 최선을 다해서 노력하는 자아실현의 욕구

정말 결정적이고 위험한 거짓말이 아니라면 아이가 왜 거짓말하는 지 생각해봐야 한다. '뭘 얻으려고 하지? 뭣 때문에 거짓말하려는 걸까? 이 아이가 뭔가를 충족하고 싶구나. 지금 이 상황을 회피하고 싶구나' 등 도대체 어떤 욕구를 충족하고 싶은지를 이해해주는 것이 필요하다. 거짓말을 선택한 아이의 마음을 먼저 읽어내는 엄마가 돼야 한다.

'내가 그렇게 소통이 안 되는 엄마인가?'도 짚어봐야 한다. 학생들은 "엄마는 공부 말고는 다 안 된다고 말해요" 한다. 아이가 원하는 것이 그렇게 위험천만한 것인지 엄마 스스로 되물어보자. 무조건 나중에 하라고 미루지 말고 불법적인 일이 아니라면 해볼 수 있도록 기회를 주는 것이 좋다. 얘기를 채 듣지도 않고 "그건 안 돼"라고 먼저 말하는 것은 아닌지 점검하자. 정말 절대 안 되는 일인지 말이다. 처음에는 엄마의 걱정이 아이의 발목을 잡겠지만, 아이의 힘이 세지고 발목 끈이 풀리는 날은 반드시 온다.

거짓말하지 않게 하려면 일단 자녀의 이야기를 끝까지 듣는 훈련이 필요하다. 학생들의 많은 거짓말이 부모가 안 들어주는 데서 비롯된다. 일단 듣자. 색안경 쓰지 말고 선(善)한 마음으로 들어주자. 듣고 나선 "그래, 듣고 보니 너로서는 그렇게 해보고 싶을 만하구나!" 공감해주자. 허락은 둘째 문제다. "다른 친구들도 다 허락받았다는 거지? 엄마도 생각해볼게"라고 시간을 좀 두고 결정해도 된다.

해옥샘의 꿀팁!

사랑받고 있다고 느끼게 하려면?
인정해주고, 칭찬해주고, 엄청 많이 좋아해준다.

"엄마가 너 사랑하는 거 알지? 아빠랑 엄마는 너를 제일 사랑해."

"엄마는 네가 태어난 날, 정말 신기하고 행복했어. 사랑해."

"우리 딸이 우리 집 보석 덩어리지."

"우리 민수, 글씨 또박또박 참 잘 썼네."

"아빠가 세상에서 민지가 제일 예쁘다고 자랑하더라."

"할 수 있다고 말하는데 자신감이 넘치던걸. 기대된다."

"(엄지 척)탁월한데~ 정말 잘했다."

"오늘은 평화롭게 시간을 보낼 수 있어서 참 좋구나."

"정말 빠르게 정돈했네. 어떻게 한 거야?"

"얘기를 듣고 나니까 더 잘 이해된다."

"또박또박 평온한 목소리로 말해줘서 고마워."

"엄마는 우리 가족 모두 화목하게 지내는 걸 바래."

"수진이가 존중하며 듣는 모습이 좋더라."

"엄마가 지켜보니까 민수가 말과 행동이 똑같은 한결같음의 보석을
빛내고 있었어."

"용기 내서 정직하게 너의 실수를 말했다는 거 알아."

"언니가 먼저 말하도록 배려했구나."

"서로 사과하고 용서하는 모습이 믿음직스럽더라."

"엄마가 철도의 보석을 깨워서 딱 3분만 말할게."

"네가 양보하는 걸 보고 정말 너그럽다는 걸 확신했어."

"네 가슴속에 잠자고 있는 유연성 보석을 깨워보렴."

"상냥한 목소리로 말하니까 엄마도 존중받는 느낌이다."

"소신 있게 네가 하고 싶은 말을 해봐."

Part
2

관계능력을 키우려면

119대화 VS 112대화

'말하기'와 '듣기' 중에서 대화를 리드하는 것은 '듣기'다. 듣는 사람이 어떻게 듣느냐가 중요하다. 119대화로 들을 것인지 112대화로 들을 것인지에 따라 다음 행동이 결정된다. 119를 누른 사람은 내 힘으로는 안 되니까 지금 당장 나를 도와달라는 것이다. 119대화는 상대의 마음에 공감하면서 들어주면 된다. 반면 112는 어떤가? 경찰은 신고가 접수되면 바로 조사를 시작한다. 취조를 하고 결국 범인을 잡는다. 112대화는 마음을 보는 것을 뒤로한 채 무슨 일이 어떻게 된 것인지를 먼저 따진다.

남편 : (한숨을 내쉬며) 회사 그만둬야 할 것 같아.

119대화 : 당신이 회사를 그만 다닌다고 할 만큼 힘들구나.

112대화 : 도대체 회사에서 무슨 일이 있었는데? 왜 그런 말을 하는 거야?

자녀 : 엄마, 형이 자꾸만 형 방에 나 못 들어오게 하고 그래요.
119대화 : 형 방에 들어가서 놀고 싶었구나.
112대화 : 형 방에 왜 들어가려고 하는데?

엄마가 119대화로 들으면 나를 찾아온 한 아이만 잘 공감해주는 것으로 끝날 수 있다. 112대화로 듣고 취조를 시작하면 결국 두 아이 모두 힘들고 서로를 미워하게 된다. 엄마 역시 아이들에게 실망하고 지친다.

아이들은 지금 일부러 나를 속상하게 만들려고 작정한 것일까? 아니면 그냥 놀다 보니 어쩌다가 저렇게 툭탁거리는 것일까? '일부러'가 아니라 '어쩌다가'라고 들으면 훨씬 여유가 생긴다. '어쩌다가'인 것이다.

119대화도 112대화도 둘 다 필요하다.

아이가 엄마를 찾을 때마다 꼭 엄마가 문제를 해결해줘야 할까? 스스로 문제를 해결하도록 도와줄 수도 있다. 하나하나 해결하려 들면 엄마만 더 피곤해진다. 엄마들은 아이들 문제를 빨리 해결하고 싶어서 112대화로 듣는 경향이 강하다. 아이는 119대화로 엄마를 부른 것인데 엄마가 112대화로 사건 접수하는 경우가 많다. 경험상 119대화로 접수하는 것이 엄마에게도 한결 편한데 말이다. 아이도 엄마가 119대화로 반응하면 자기 마음을 더 잘 이해한다고 느껴서 정서가 빨리 평온해진다.

수강자 실천사례 6.

어쩌다가

모처럼 동창 모임에 나가려는데 남편이 "언제 올 거야?" 물어본다. "가봐야 알겠지만 9시까지는 올게" 대답하고 집을 나선다. 그런데 오랜만에 수다가 길어져서 어느새 10시가 훌쩍 넘었다.

"여보 늦어서 미안해요" 했더니 남편이 작고 차분한 목소리로 "그럴만한 일이 있었나 보지." 한다. 그럴만한 일이 있었을 거라는 말에서 나에 대한 신뢰가 전해진다.

'어쩌다가'라는 말은 '당신은 원래 약속 잘 지키는데 어쩌다 한번'이라고 들린다. '어쩌다가'에는 내 마음을 이해하는 믿음이 담겨있다.

아이 둘이 툭탁거리는 것도 '일부러'가 아니라 '어쩌다가'다. '어쩌다가'로 들으면 대응하기가 훨씬 수월하다.

엄마들의 연기력이나 표현력은 어떤가?

기분이 좋을 때는 몸이 가볍게 느껴지고 기분이 나쁘면 천근만근 무겁게 느껴진다. 아이들이 서로 재롱을 부리면 기분이 좋아서 맛있는 것을 만들어주고 싶다. 그런데 서로 이르고 싸우면 마음이 불편하고 꼼짝하기도 싫다. 이런 엄마의 마음과 몸 상태를 아이들이 알도록 표현해야 한다.

배우의 연기가 어설프다는 것은 무슨 뜻일까? 작가가 써준 대사를 잘 읽어내는데, 목소리가 어설프거나 표정이나 몸짓이 적절하지 않다는 의미다. 엄마의 표현력도 어설프진 않은지 점검해보자.

두 아이가 투덕거리고 싸우면 엄마 몸에서 기운이 나야 할까? 기운이 빠져야 할까? 애들이 싸우는 것을 기분 나쁜 일이라고 받아들이면 몸에서 기운이 쫙 빠지는 게 당연하다. 기분 좋을 때는 잔잔한 미소를 짓고 목소리는 차분하다. 기분 나쁠 때는 확실히 인상을 쓰고 목소리도 크고 앙칼지다. 그런데 헷갈리는 경우가 있다.

엄마를 관찰해본다. 애들이 싸우기 전에 엄마는 기운이 없었다. 아이 둘이 싸우면 엄마가 변한다. 할 일 없던 엄마가 드디어 적성에 딱 맞는 일을 발견한 것처럼 보인다.

아이 둘이 싸우자 엄마는 활기를 되찾은 듯하다. 눈빛이 반짝거리고 목소리에 생기가 돌면서 빠른 템포로 적극적으로 아이들에게 말한다.

너무 과장된 표현인가? 하지만 정말 그렇게 보인다. 마치 엄마는 이 순간을 기다렸다는 듯이, "둘 다 이리 와!" 소리를 지르고 범인을 잡기 위해 아이 둘을 취조한다.

급하게 사건파악을 하는 112대화로 대응하지 말고 119대화를 하면서 엄마가 어떤 걸 원하는지를 알려야 한다.

그런 다음에는 한꺼번에 두 아이와 함께 이야기하지 말고 한 명씩 이야기를 나누자. 두 명의 얘기를 한꺼번에 들어봤자 두 아이가 말하는 내용이 서로 조금씩 다르고, 결국 둘 다 잘못한 부분이 있기 마련이다. 그러면 얼른 사건을 끝내버리고 싶어진다. 아이들도 그런 엄마의 의도를 알아채기 때문에 내키지 않는 결정을 한다. 한참 동안 야단을 들으며 혼나는 것보다는 그냥 서로 대충 사과하고 끝내는 것이 낫다는 선택이다.

한 아이가 먼저 입을 삐쭉거리고 눈을 흘기면서 "미안해"라고 말한다. 다른 아이도 마지못해 "치~ 미안해"라고 퉁명스럽게 말한다. 두아이 모두 표정은 불만족스럽다. 이것이 진정한 사과인가? 그럴 리가 없다. 그러면 어떻게 해야 할까?

수강자 실천사례 7.
엄마의 연기력

아이 둘이 싸우다가 누군가 엄마를 부르면 뻔히 속상한 상황이다. 엄마는 온몸에서 기운이 빠지고 얼굴색이 하얘지면서 털썩 주저앉아야 할 상황이다. 아이들 입장에서도 우리가 싸우면 멀쩡하던 엄마가 속상해하고, 힘 빠진다고 주저앉아야 미안해진다.

"너희들이 서로 싸우고 둘이서 서로 나쁜 애라고 이르면 엄마는 정말 기운 빠진다"고 머리 싸매고 누워야 한다. 엄마는 나쁜 아이 두명을 키워야 하니까 너무 슬프다고 말하고 울어버려도 된다.

기운 없는 표정과 목소리로 작고 힘없이 말해야 한다. "엄마는 사랑하는 아들딸이 서로를 나쁘다고 이르면 정말 속상하다. 엄마는 서로 사이좋고 자랑스러운 아이로 키우고 싶은데 말이야"라고 먼저 말하자.

자꾸만 싸우는 두 아이

아이가 둘 이상 되면 서로 어쩜 그렇게 다른지 너무 힘들다는 하소연이 많다. 필자도 '다르다는 것을 선물로 받아들이면 행복할 수 있다'는 말도 공감을 못 했다. 그런데 이 고마운 존재들 덕분에 여러 가지 추억들을 가진 게 참 많다는 것을 깨닫고 새삼 '달라서 선물이다'는 말에 공감한다.

아이들이 같이 놀다가 "하지 마. 하지 말라고~""저리 가라고""야~아" 이런 소리가 들려오면 이 소리는 싸우는 소리인가 아이들끼리 툭탁거리는 소리인가? 엄마를 부르지도 않았는데 달려가서 "싸우지 말고 놀아"라고 말하는 엄마는 싸운다고 생각한 것이다. 대부분은 그냥 아이들끼리 툭탁거리면서 노는 소리인데 엄마가 싸운다고 지레 넘겨짚은 경우다.

아이들이 툭탁거리는 소리만 듣고도 민감하게 하던 일을 멈추고 아이들에게로 달려가는 엄마의 지금 상태가 어떠한가? 우리 가족은 색깔로 치면 아빠는 초록색, 엄마는 핑크색, 큰아이는 노란색 등 다 다르다. 모양으로 봐도 아빠는 팔각형, 엄마는 정사각형, 아이는 육각형 등 다 다르다. 다 다른 구성원이 한집에 사니까 툭탁거리는 것은 당연하다. 단지 툭탁거림을 듣는 엄마의 마음이 문제다.

수강자 실천사례 8.
119로 대응하는 대화

어느 날 시누이의 전화를 받았는데 "동생에게 할 얘기가 있으니 좀 바꿔줘"라며 남편을 찾는다. 전화통화를 하는 남편 표정이 왠지 찜찜하다. 간간이 들리는 시누이의 목소리도 심상찮다.

누나가 전화해 아내의 험담을 하는 상황이라면, 동생인 남편은 어떻게 대응하는 것이 지혜로울까? 시시비비가 분명한 것이 아니라 미묘한 감정이 섞인 경우는 누나와 아내 사이에서 입장이 매우 곤란하다.

이때도 119 말하기가 필요하다. 그 순간에는 나에게 119를 누른 누나를 구하면 된다. 누나에게 "아~ 사실은 그게 아니고 그날 집사람이~~"라고 해명하는 것은 오히려 마이너스다. 이것이 112대화로 들은 경우다. 누나는 해명이 궁금한 것이 아니라 그저 내 감정을 알아달라는 것이 우선이다.

이런 경우는 119대화로 대응하자. 누나 얘기를 경청하는 데 집중하고, 누나 얘기를 듣는 도중에는 되도록 아내의 '아' 자도 꺼내지 말자. 그저 "그랬어요?" "아~" "세상에~"와 같은 누나의 감정을 따라가는 인정의 추임새나, "듣고 보니 누나가 속상한 거 알겠어요"라고 말하는 것이 좋다.

전화를 끊자 궁금한 아내가 누나와 무슨 얘기를 나눴냐고 묻는다. 지혜로운 남편이라면 누나의 이야기를 아내에게 그대로 전달하지 않는 것이 좋다. 112대화로 받아들이고 아내를 취조한들 누나도 아내도 다 내 가족이기에 내 마음만 불편해진다. 아내에게 "당신은 누나한테 뭘 잘못한 거야!"라고 따져 묻기보다는 아내에게 "응, 신경 쓸 거 없어. 별일 아니야"라고 끝내는 게 좋다. 편안하고 작은 목소리로 대응하면 아내는 '별일 아니구나' 하고 지나가게 된다. 그래서 때로는 모르는 게 약이라고 하는 것이다.

툭탁거리던 아이들이 엄마를 부를 때
119 대화가 많을까? 112 대화가 많을까?

엄마가 어떻게 듣는가에 따라 다르게 들린다. 어떻게 듣는 쪽이 아이도 엄마도 더 편안할까?

애들이 툭탁거리면서도 엄마를 부르지 않으면 그냥 놔두자. 그런데 누군가 엄마를 부르면 아주 작은 목소리로 "엄마한테 와서 얘기해 줘" 한다. 이럴 땐 일대일로 대하는 것이 좋다. 현장을 벗어나게 하는 것이다. 상대를 바꿀 수 없고, 내가 바뀌기도 싫으면 상황을 바꾸라고 했다.

일대일로 이야기를 하는 것이 좋다.

"누가 먼저 엄마랑 얘기할래?" 물어보고 한 아이를 방으로 들어오게 한다. 이때 첫마디는 부드럽고 작은 목소리로 속삭이듯이 "A야, 어쩌다가 그런 거야?"라고 물어보자. 엄마가 부드럽고 작은 목소리로 속삭이듯이 말하면, 투덜거리고 씩씩대던 아이도 금방 숨을 몰아내쉬며 조용히 "사실은…" 하면서 작은 소리로 차분하게 얘기할 수 있다.

"B가 때렸다" "B가 밀었다" "B가 약 올렸다" "B가 먼저 던졌다" 등의 이야기를 하면 엄마는 A의 이야기를 경청하고 인정해줘야 한다. "알겠어. 그랬구나. 속상했겠다. 어머, 왠일이니? 헐~ 세상에~ 그래서 그런 거구나"라고 공감해주는 말을 하자. 지금 이 아이는 공감받고 싶은 욕구가 우선이다. 일대일로 이야기할 때는 아이의 등을 어루만지거나 어깨를 토닥토닥하거나 손을 쓰다듬으면 더 좋다. 사랑과 공감의 마음을 전하는 것이다. 엄마의 공감을 얻으면 금방 아이 마음이 평온해진다.

밖에서 초조하게 기다리던 B는 나오는 A의 표정을 살핀다. 엄마랑 이야기하고 나오는 A의 표정이 편안해 보이면 왠지 나한테 불리한 거 같아서 불안해하며 엄마 방으로 들어간다. 이때 방에 들어가면서 B가 하는 첫마디는 대부분 "A가 뭐라고 했어요?"다.

이때 대응하는 엄마의 첫마디가 매우 중요하다. "B야, 신경 쓰지 마. 지금부터 엄마는 네 얘기를 들을 거야. 이리 와서 앉아"라고 다정하고 차분한 목소리로 "어떻게 된 건지 말해봐" 하면 금방 안심하고 "사실은…"이라고 말하게 된다. 마찬가지로 B의 감정을 인정하는 말을 반복하면서 등을 어루만지거나 손을 잡아주거나 어깨를 토닥토닥해주면 B의 올라왔던 감정도 서서히 내려간다. 엄마는 A와 B의 감정을 들어줄 뿐이지, 한 아이에게 다른 아이를 혼내주겠다고 하거나, 누가 더 나쁘다고 말하지 않는 것이 바람직하다.

주의할 점으로 첫째, 감정을 알아주는 단어 뒤에 다른 말을 덧붙이지 않는 것이다.

"헐, 민주 들어오라고 해라. 혼내줘야겠다."　　　(X)
"헐~."　　　(O)
"그랬구나! 엄마가 민주 혼내줄게. 걱정하지 마."　　　(X)
"그래서 억울했구나."　　　(O)

엄마가 경청하고 어루만져주면 엄마에게 인정받았다고 생각해 아이도 편안한 목소리로 "엄마 이제 숙제할게요" 하면서 스스로 자기 역할을 할 수 있다.

둘째, 엄마는 B에 대해서 노코멘트한다. 엄마는 A의 말을 들으면서 B를 언급하지 말아야 한다. "B가 잘못 했네""B가 그럴만한 이유가 있었겠지" 하면 안 된다. 특히 B의 편을 들면 더 마이너스 효과다.

두 아이의 말을 다 듣고 내용이 일치하지 않더라도 중요한 것은 두 아이의 마음을 각각 인정해주고 불편한 내용에 대해서만 서로 사과하게 하면 된다.

"큰애는 작은 애를 이르고, 작은 애는 큰애를 이르고 정말 미치겠어요."

아이들이 엄마한테 왜 이른다고 생각하는가? 그냥 자기들끼리 해결할 수도 있을 텐데 왜 꼭 엄마한테 이를까? 엄마한테 이르면 어떤 형태로든 무언가 보상이 있기 때문이다.

아이들은 누구나 엄마의 사랑을 많이 받고 싶다. 만약 자녀가 우리 집에서 가장 힘 있는 사람이 엄마라고 생각하면, 엄마의 인정을 더 많이 받고 싶은 것은 당연하다. 어떤 초등학생은 엄마가 가진 힘을 권력이라고 표현했다. 엄마는 돈도 맘대로 쓸 수 있고, 하고 싶은 것을 하고, 우리만 야단치는 게 아니라 아빠도 야단치기 때문이란다. 아이의 이르는 행동은 우리 집 권력자와 잘 지내고 싶고, 인정받고 싶은 심리에서 시작된다.

내가 엄마에게 형이나 동생을 일러서 형이나 동생이 야단을 맞으면 내가 더 사랑받을 수 있다고 생각한다. 아이들이 엄마에게 이르는 일은 그렇게 큰일이 아니다. 생각해보면 작고 사소한 일들이 더 많다. 작고 사소한 대수롭지 않은 일까지도 낱낱이 엄마에게 자꾸 일러대니까 엄마는 더 피곤하고 짜증스럽다. 그만큼 엄마에게 더 사랑받고 싶어서다.

우리의 대응 태도가 문제다.

기쁜 소식을 들으면 어떤 표정과 목소리와 몸짓을 하는가? 그리고 나쁜 소식을 접할 때는 어떤 표정과 목소리와 몸짓을 하는가? 이 부분이 정말 중요하다.

민지가 민호의 잘못을 이르면 엄마가 어떤 표정을 지었는지, 어떻게 대응했는지 기억해보자. 민지의 말을 듣고 엄마는 두 눈이 반짝이고 동그래지고 깜짝 놀란다. 그러곤 눈앞에 없는 민호를 혼내주겠다는 표정, 민호에게 깜박 속은 것이 기가 막힌다는 표정을 짓는다.

민지가 원했던 것처럼 엄마의 목소리가 커지고 민호를 혼내겠다고 말한다. 결국 엄마가 민호를 불러오라고 한다. 민호가 혼나는 장면을 목격하게 된다. 민지는 엄마에게 이른 목적을 달성한다. 이제는 민호가 민지를 이를 틈을 노릴 것이고 악순환이 계속된다.

하교하고 온 아이들이 엄마에게 쪼르르 달려가 쉼 없이 재잘댄다. "엄마, 나 오늘 선생님한테 칭찬받았어요!", "난 오늘 달리기 1등 했어요!" 그러면 엄마는 차분하고 교양 있는 목소리로 살짝 미소를 짓고 "잘했네." 하고 만다.

그런데 "엄마! 어제 민호가 청소하고 늦게 온 거 거짓말이래요! 사실 친구들이랑 오락실 가서 놀았대요!" 하면 금방 표정이 굳어진다. 앉아있다가도 벌떡 일어나 주먹을 쥐곤 격양된 목소리로 "그래? 민호 당장 오라 그래!!"라고 말한다.

엄마의 격렬한 반응을 본 아이는 자기가 큰일을 해냈다는 느낌을 보상으로 받는다. 그리고 자신은 거짓말을 하지 않았으므로 엄마가 더 좋아해줄 거라 확신한다. 또 엄마랑 비밀을 공유하면서 가까워진 느낌도 받는다. '엄마한테 이르기'는 아이에게 확실한 보상을 준다.

거꾸로 상상해보자. 아이가 이르자 엄마는 한숨을 내쉰다. 아이를 잘 키우려고 노력하는데 자꾸 좌절된다고 말한다. 그러곤 몸에서 힘이 빠진다며 침대에 누워서 슬퍼한다.

이 상황에서는 일러바칠 때 보상이 전혀 주어지지 않는다. 아이는 괜히 별것도 아닌 일로 엄마를 속상하게 한 것은 아닐지 생각한다. 속상해하는 엄마를 보니 잘했다는 생각도 들지 않는다.

그러면 아이가 형제를 이를 때는 어떻게 해야 하나?

내가 낳은 아이 둘이 서로 번갈아 일러대는 것은 분명 슬픈 상황이다. 기운이 빠져야 한다. 엄마는 속이 상하고 몸에서 기운이 빠지고 목소리도 처량해져야 제대로 된 슬픈 표현이다.

작은 목소리로 '정말이야?' 하고 실망하는 목소리와 표정, 맥이 풀리는 표정, 씁쓸한 한 숨을 내쉬고, "엄마노릇하기가 참 어렵구나! 잘 키워보려고 애쓰는데 참 어렵네. 얘기 듣고 나니까 엄마가 기운이 빠진다. 걱정이구나!" 하고 마치 배우처럼 연기에 몰입해서 딱 맞는 표현을 해야 한다. 그러면 아이는 괜히 별것도 아닌 일로 엄마를 속상하게 한 것은 아닌지 생각하고, 엄마가 걱정하지 않도록 해야겠다는 배움이 생긴다.

수강자 실천사례 9.
액션소통-어깨들썩, 양엄지척

반대로 아이가 기쁜 소식을 알려오면 엄마는 두 팔을 벌려서 환영한다. 엄마가 어깨를 들썩이면서 신나는 동작표현을 하다가 양손 엄지 척을 한다. 밝고 명랑한 목소리로 두 번 세 번 반복해서 좋아한다면 기쁨이 두 배 세 배로 잘 표현될 것이다.

엄마의 표현 방법을 고치면 무엇이든 일러바치는 아이의 습관을 근본적으로 고칠 수 있다. 자녀는 엄마가 좋아했던 행동표현을 찰칵찰칵 사진과 영상으로 오래 기억한다. 엄마에게 인정받고 싶은 욕구 때문에 엄마가 좋아할 일을 더 많이 하려고 애쓰게 된다.

관계능력을 키우려면

어리버리한 우리 첫째

아이가 둘인 엄마에게 "첫째랑 둘째 아이 중에 누가 더 맘에 드세요?"라고 물으면 첫째는 어리버리하고 둘째는 똘똘해서 둘째한테 마음이 더 간다는 대답이 많다. 첫째는 왜 어리버리할까? 이유는 엄마가 첫째를 대하는 태도에서 비롯된다.

첫째는 동생이 태어난 순간부터 다 컸다는 이야기를 듣기 시작한다. 둘째는 늘 안아주고 돌봐주면서 첫째에게 "이제 너는 다 컸으니 스스로 해보렴"이라고 말한다.

동생과 나이 차가 적을수록 첫째 아이는 불쌍해진다. 첫째도 돌봄이 필요한 아이인데 맏이라는 이유만으로 도움을 덜 받게 되는 것이다. 둘째는 젖병을 빨면서도 '엄마, 아빠, 첫째' 이렇게 세 사람을 관찰한다. 어떨 때 좋아하고 싫어하는지를 학습한다고 보면 된다. 둘째의 빠른 눈치와 생존력 등은 여기서부터 출발한다.

아이에게 사과를 깎아주는 상황을 가정해보자.

첫째는 엄마가 사과를 다 깎을 때까지 얌전히 기다린다. 엄마가 사과를 다 깎으면 늘 그랬듯이 포크로 찍어주면서 "자, 먹어" 할 거니까 기다리는 것이다. 반면에 둘째는 손에 포크를 들고 기다리면서도 사과 깎는 엄마의 기분을 살핀다. 엄마가 기분이 별로 안 좋은 것 같으면 제일 먼저 접시에 내려온 사과를 포크로 찍어서 엄마 입에 넣어준다. 둘째의 생존본능이다. 반면 엄마 기분이 좋은 것 같으면 제일 먼저 접시에 내려온 사과를 찍어서 자기 입으로 가져가는 것이 둘째다. 막내는 첫째처럼 사과 깎는 동안 그냥 얌전히 기다린다. 누군가가 포크로 찍어서 "너도 먹어"라고 했던 기억 때문이다. 이런 상황이 반복되다 보면 엄마는 둘째 아이는 어디에 내놓아도 자기 몫은 잘 찾아 먹을 거라는 믿음이 생긴다. 반면 첫째는 눈치가 없고 답답하게 여겨져서 어리버리하다고 표현한다.

> 첫째와 둘째가 놀다가 둘째가 크게 엄마를 불러대면서 운다.
> 엄마는 하던 일을 멈추고 아이들에게 간다.

상황마다 엄마의 말보다 엄마의 몸이 어디로 가고 어떻게 행동하는지 집중해보자.

엄마가 울고 있는 둘째에게 다가가 안아준다. 시선은 첫째를 향하고 다그치듯이 묻는다. "무슨 일이니?" "어떻게 된 거야?" 첫째는 이유를 말하기도 전에 범인으로 지목된다. 너무도 억울하다.

엄마 품에 안긴 둘째가 첫째를 만만하게 보게 되는 결정적인 이유다. 억울한 첫째가 어떤 이유를 말하더라도 결국 "너는 형이잖아, 네가 좀 양보해주는 거야" 하는 말을 동생 앞에서 듣는다. 이미 세뇌가 될 정도로 여러 번 반복해서 들은 말이다. 동생조차 형이니까 양보하라고 할 정도다.

권위는 자존감과 연결되기 때문에 중요하다. 억울한 첫째의 맏이로서 권위는 어떤가? 권위는 '인정받고 신뢰받는 것'이다. 권위는 남이 세워주는 것이다. 내가 나의 권위를 세우려고 하면 권위적이라는 소리를 듣게 된다. 첫째와 둘째의 권위는 엄마가 세워주는 것이다.

수강자 실천사례 10.
첫째의 권위

첫째의 이야기를 들어보니 동생이 잘못한 경우, 엄마의 행동은 어떠한가?

안고 있던 동생의 엉덩이를 몇 대 때리면서 "네가 잘못한 거네. 너 동생이 형한테 그러면 안 돼. 알았어?" 한다. 이렇게 하면 첫째는 마음이 후련할까? 아니다. 엄마는 동생이 어리고 우는 소리가 시끄러워서라고 핑계를 댈 수 있으나, 첫째는 아직도 엄마가 동생을 안고 있고 동생만 좋아한다고 느낀다. 첫째도 어리기는 마찬가지고 동생 태어난 날 다 커버린 억울한 신세다.

훈육할 때는 엄마가 행동을 잘해야 한다. 엄마가 둘째에게 "그만 울고 거기 앉아"라고 앉을 자리를 정해주고 오히려 첫째를 가까이 오게 한다. 그러면 눈치 빠른 둘째의 머리가 복잡해진다. 엄마가 첫째의 권위를 세워줄 기회다.

외동이가 부러워요

첫째는 엄청 억울하다. 그리고 늘 외동이 부럽다. 외동인 친구는 엄마랑 굉장히 친해 보인다. 또 엄마가 너무 신경 써줘서 귀찮을 정도란다. 외동인 친구가 "우리 엄마는 나 없으면 못 산대. 큰일 난대"라고 말할 때면 정말 부럽다. 나보다 특별히 잘하는 것도 없는데, 그 친구는 엄마가 무척 예뻐한다. 엄청 사랑받는 것 같다. '나도 외동으로 태어났으면 칭찬도 많이 듣고 엄마에게 많이 사랑받았을 텐데'라고 생각한다.

엄마는 동생을 낳을 때 첫째랑 의논한 적이 없다. 어느 날 갑자기 동생이 생긴 것이다. 엄마 맘대로 동생을 낳았으면 엄마가 알아서 키워야 할 텐데 자꾸만 첫째한테 같이 키우자고 한다.

"네가 형이니까 앞으로 동생한테 잘해줘야 해."

"형은 그러는 거야."

"동생은 아직 어리니까 그래."

"동생 좀 데리고 놀아."

"동생한테 양보해야지, 너는 형이잖아."

동생은 3살 첫째는 5살인 경우를 생각해보자. 첫째한테는 다 컸으니까 스스로 먹으라고 하면서 동생은 엄마가 먹여준다. 점점 동생이 싫어진다. 엄마 때문이다. 첫째는 본체만체하면서 동생은 양말도 신겨주고, 손잡고 걸어가고, 안아준다. 첫째도 엄마가 필요한데 동생이 자꾸 울어서 엄마를 독차지한다. 심통이 나서 울면 엄마가 "다 큰 너까지 이러면 어떡하니?" 하면서 혼낸다.

그러면 엄마 말대로 "엄마 내가 할게요. 내가 할 수 있어요. 나도 다 컸다고요"라고 다 큰 흉내를 내본다. 하지만 "5살이 무슨 다 큰 거니? 너는 아직 멀었어"라고 혼난다. 엄마가 이랬다저랬다 하니까 첫째도 어떤 게 맞는지 정말 헷갈린다. 모르겠다. 이것이 첫째 아이의 어리버리다.

두 아이 모두 엄마의 사랑을 독차지하기를 원한다. 엄마가 둘 중에 한 아이에게만 집중하면 안 되는 이유다. 아이들은 엄마의 관심을 계속 붙잡기 위해 무섭다고 말한다. 두려움을 이용해서 엄마의 관심을 끄는 것이다. 엄마의 관심을 받으려다 상처받은 첫째, 동생에게 모든 것을 빼앗긴 첫째. 대신 아빠의 사랑이라도 받고 싶은 첫째 아이를 아들러는 폐위된 왕에 비유했다. 처음에는 부모의 사랑과 관심을 독차지하던 첫째 아이는 동생이 생기는 순간 자신에게만 집중되던 관심을 동생에게 뺏긴다. 그래서 더 성실하게 책임감을 발휘해서 칭찬과 인정을 받으려고 노력한다.

부모는 아직 어린 둘째나 막내에게 더 많은 관심을 기울일 수밖에 없다. 그래서 첫째는 억울하다. 그리고 외동이 부럽다. 마냥 어리바리하다고 말할 것인가? 출생순서보다 가정의 환경이 더 중요하다. 엄마 혼자 두 아이를 감당하는 것은 힘들기에 남편과 함께 공동육아를 해야 한다.

다른 애들은 안 그래요

아이가 두 명 이상이면 자연스럽게 위계질서가 생긴다. 이때는 부모가 현명하게 위계를 잘 잡아줘야 한다. 첫째와 둘째가 같이 잘못했을 때나 싸움이 일어났을 때 무조건 덮어놓고 첫째만 혼내면 안 된다.

"네가 형이니까 양보해" "네가 더 나이가 많으니까 똑같이 행동한 네가 더 잘못한 거야" "동생 안 챙기고 뭐 했어?"와 같은 발언은 삼가야 한다. 형만 갈수록 주눅 들고 둘째는 맨날 혼나는 첫째를 무시하게 될 수 있다.

둘째를 혼낼 때도 첫째 아이의 위상을 세워줘야 한다. "형이 너보다 힘이 더 센 거 알지? 형이 나이가 더 많으니까 네가 까불고 괴롭혀도 참

아주는 거야. 그러면 어떻게 해야겠어?" 이처럼 말하면 3~4살 아이도 다 알아듣는다.

자녀가 둘인 경우 우선 엄마가 먼저 첫째 아이의 공간과 시간을 존중해줘야 한다. 엄마가 선언해야 둘째도 변한다. 동생이 첫째를 위계질서 없이 대한다면 첫째는 이미 많이 위축되고 자존감에 상처받을 수 있다. 지금이라도 빠른 상황 정리가 필요하다.

둘째 아이는 태어날 때부터 관심을 누군가와 나누는 입장이다. 둘째는 태어날 때부터 첫째라는 경쟁가가 있었기에 어떻게든 적극적으로 존재감을 드러낸다. 첫째가 말하는 거나 걷는 것에 자극받으며 더 빠르게 성장한다. 그래서 둘째는 모든 면에서 첫째보다 학습이 빠른 듯 보인다.

또 둘째들은 경쟁심이 강하다. 첫째의 약점을 찾아내 이르는 일이 많다. 첫째보다 한 템포 빠르게 원하는 것을 쟁취하고 첫째가 이루지 못한 것을 성취해 엄마에게 칭찬받는다. 엄마가 첫째를 사랑하는 것을 막기 위해 잔꾀를 부리거나 첫째의 약점을 이용할 줄도 안다. 반면 이길 수 없는 상대와는 빠르게 한편이 될 줄도 안다. "같이 놀자" "화해하자" 이런 말을 먼저 한다.

가족끼리 이야기 나눌 때 첫째가 말하는 도중 둘째가 끼어드는 경우가 꽤 있다. 인정받고 싶은 욕구가 큰 둘째는 "나는 더 잘할 수 있거든" "형은 공부만 잘하지만 나는 축구도 잘해"라고 치고 들어온다. 첫째는 결국 하던 말을 마무리 못 하고 중간에서 또 어리버리할 수 밖에 없다.

이때 둘째는 칭찬할 것이 아니라 주의시켜야 한다. 습관이 되면 학교에서도 친구들 얘기 중간에 끼어들거나 선생님 말씀 중에도 끼어들 가능성이 크다. 항상 상대방이 말할 때는 끝까지 듣고 난 후에 말하도록 지도해야 한다.

수강자 실천사례 11.
형 동생의 위계질서

내 동생은 2학년, 나는 4학년이다. 다른 2학년 애들은 안 그러는데, 내 동생은 나한테 대들고 반말하고 내 방에 막 들어오고 내 것을 허락도 안 받고 함부로 만진다. 이게 다 엄마 때문이다. 엄마가 맨날 동생 편을 들어주니까. 나보고는 형이니까 양보하라고 한다. 이제는 동생도 나한테 "네가 형이니까 양보해" 하면서 억지를 부린다. 억울하다.

이 사례는 가족 내 위계질서 문제다. 동생이 형에게 경계선 없이 다가오는 것을 어떻게 해야 하는가? 지금이라도 위계질서를 잡아야 한다. 엄마의 단호함이 필요하다. 진작에 엄마가 어려서부터 위계질서를 잡아줬어야 했다.

"이건 언니 거야."

"언니한테 계속 그러면 언니가 화내도 엄마는 안 도와줄 거야."

"엄마는 너희가 스스로 잘할 거라고 기대했는데, 속상하다." "엄마도 존중받고 싶어서 너희를 존중하려고 해."

"이제는 함께 달라지게 노력하자."

"지금까지 언니가 늘 양보했지만, 이제는 둘 다 학생이야. 학교에서 배운 것처럼 언니에게 예의 있게 대해. 그리고 가족끼리 서로 기분 나쁜 일이 생기지 않도록 존중하자."

이렇게 구체적으로 표현하자.

9살과 4살 사이에서

엄마는 전혀 의도한 적은 없으나 기질적·유전적으로 정말 다른 두 아이를 낳는다. 두 아이는 출생과 동시에 서로에게 영향을 준다. 긍정적인 영향을 줄지, 부정적인 영향을 줄지는 전적으로 부모의 태도에 달려있다 해도 과언이 아니다.

두 아이의 관계는 서로에게 갖는 태도, 감정, 소통에서 출발한다. 여기서 정립된 관계는 학교나 사회에서도 대인관계의 기초가 되니 부모의 세심한 관심이 필요하다.

첫째 아이는 맏이의 지위와 어머니의 사랑을 지키려 한다. 둘째는 첫째를 경쟁상대로 보고 어머니의 사랑을 독차지하고자 노력한다. 결국 최초의 관계는 형제가 아니라 '경쟁자'가 되는 경우가 많다. 이

관계를 잘 정리하기 위해서 엄마는 우선 첫째와의 관계에 더 큰 주의를 기울여야 한다.

첫째에게는 일대일 속삭임이 필요하다. 그리고 첫째를 꼬옥 안아주는 시간도 필요하다. 엄마가 첫째를 얼마나 좋아하는지 말해주고 정말 사랑스럽다고 확인시켜줘야 한다.

"엄마에게 너는 정말 특별해. 너를 처음 만난 순간의 감동을 잊을 수가 없다" "엄마가 너를 많이 사랑해" "처음이라서 너를 안아줄 때마다 설레고 신기했어" "네가 엄마라고 처음 말했을 때가 생생하게 기억난다" "또랑또랑한 눈망울로 엄마를 바라보던 모습이 지금도 생각나고 예쁘네"라고 말해서 첫째의 특별함을 강조한다.

첫째 때는 모든 것이 새롭다. 기록에 남겨야 할 소중한 순간들이라 유난히 사진을 많이 찍게 된다. 옷, 장난감, 책, 유아용품도 모두 새 것이다. 당연히 더 예쁘고 좋은 것으로 산다. 축하 선물도 많이 받았다. 그 순간들이 고스란히 사진에 담겨있다. 첫째와 이 사진을 보면서 이야기하면 엄마도 자연스럽게 이야기가 샘솟고 아이도 훨씬 편안하게 받아들일 것이다.

둘째는 이미 동생이 갖는 특권을 잘 알고 있다. 자신이 울면 엄마가 어린 나에게 먼저 다가온다는 걸 안다. 형의 물건을 뺏어도 "형이니까 네가 양보해!"라고 내가 아니라 형을 혼내는 엄마를 보며 자연스레 터득한 것이다.

엄마가 첫째에게 번번이 양보를 강요한다면 첫째는 억울하다. 둘째가 모든 기준을 첫째에 맞추고 경쟁을 걸어오는 것도 힘들다. 자칫 첫째가 둘째를 싫어하는 상황이 발생할 수 있다. 두 아이가 서로 시기하고 질투하는 관계가 아니라 상호보완적인 관계를 이루려면 엄마의 기지(機智)가 필요하다.

> "첫째는 9살이고, 둘째는 4살입니다. 집에서는 애들이 좀 다투다가도 제가 쳐다보면 큰애가 양보하거든요. 그런데 시댁에 가면 큰애가 제 눈치도 안 보고 작은집 동생들(7살, 8살)이랑만 어울리면서 자기 동생을 툭 치고, 쭉 밀어내고 하는 거예요. 왜 그러는 걸까요? 시부모님 눈치가 보여서 어떻게 해야 할지 모르겠어요."

정말 당황스럽고 불편한 상황이다. 아이들이 할아버지 댁에 가면 우리 집에서처럼 잘 통제가 안 되는 경우가 있다. 할아버지, 할머니라는 '나를 응원해주는 뒷배'가 있어서다. 평소에는 엄마의 눈치를 보며 동생에게 무조건 양보하던 형도 할아버지 집에 가면 솔직한 본성이 드러난다. 사실 형도 동생에게 무조건 양보하는 게 싫은 것이다. 게다가 작은집 동생들은 내 동생과 달리 말도 잘 듣고 공손하다.

당장은 엄마가 작은 아이를 안아주고 울음을 뚝 그치게 한 다음, 큰

애를 야단치면 상황이 끝난 것처럼 보일 수 있다. 그러나 본질적인 문제는 해결되지 않았다. 4살인 동생이 9살 형을 만만하게 보고 사사건건 대드는 것은 엄마 때문이다. 7살, 8살인 작은집 동생과 비교해보면 형으로서는 분통이 터질 수밖에 없다.

엄마가 먼저 형제의 서열을 잡아줘야 우애가 생긴다. 엄마가 4살 아이를 안고 9살, 8살, 7살 아이를 쳐다보며 "무슨 일이니?" 하는 순간 3명의 아이는 범인으로 지명된 느낌을 받고 막냇동생이 더 싫어진다.

지금까지와는 정반대의 태도가 필요하다.
더는 우는 막내를 먼저 안아주거나 지지하면 안 된다.

엄마 몸이 9살 형 옆으로 가서 형을 편들어주듯이 행동하는 것이다. 4살 동생을 보면서 "조용히 해봐. 운다고 문제가 해결되지 않아. 형들에게 예의 있게 행동해야지"라고 말한다. 그러곤 동생이 아니라 형에게 "무슨 일이니?" 하고 차분하게 물어야 한다.

엄마가 우는 동생을 먼저 안아주고 첫째에게 "왜 잘 데리고 놀지 않느냐?" 하는 것이 반감 생기는 부분이다. 혼낼 때는 자녀 둘 다 엄마 몸에서 적당한 거리를 두고 앉게 하는 것이 좋다.

수강자 실천사례 12.
첫째와 사진으로 대화하기

동생이 부러운 첫째에게 사진과 동영상은 큰 선물이 될 수 있다. 첫째 방에 동생 나이 때의 사진들을 마치 띠 벽지처럼 눈높이에 맞게 붙여주자. 동생은 본인이 쓰던 장난감과 옷을 물려받아 쓴다는 사실을 새삼 알게 될 것이다. 또 엄마와 아빠, 할아버지 할머니가 자신을 얼마나 아꼈는지도 사진 속에 잘 나타난다. 엄마가 "너는 첫 번째로 태어나서 정말 신기하고 소중한 존재였다"고 속삭여준다면 더 좋다.

보통 아이를 키우면서 찍은 사진을 컴퓨터 속에 보관한다. 출생사진부터 백일기념, 300일 기념 등의 많은 동영상도 컴퓨터 속에 있다. 언제 꺼내서 볼 것인가? 가끔은 동영상을 보도록 하자! 동영상 속에서 환하게 웃는 얼굴이 얼마나 예쁜지 엄마도 기억하게 된다. 아이와 엄마 모두를 긍정적인 관계로 이끄는 활동이다.

관계 능력을 키우려면

게임, 계속할 거니?

부모는 아이가 게임하는 것을 싫어한다. 학업에 문제가 생기진 않을까, 혹여 건강이 나빠지진 않을까, 중독되는 건 아닐까 끊임없이 걱정한다. 성인도 게임에 푹 빠지면 해야 할 일을 놓치기 일쑤다. 특히 요즘은 스마트폰으로 언제 어디서든 게임을 할 수 있어 부모의 걱정이 점점 커지고 있다.

게임 산업은 놀랍도록 빠르게 진화·발전하고 있다. 단순히 재미만 추구하는 것이 아니라 두뇌를 계발하거나 신체 활동을 유도하는 긍정적인 면도 있다. 의학이나 심리 분야와 연계해 치료를 돕는 게임도 많이 있다. 실제로 외국어를 배울 때 게임과 접목해 공부하면 능률이 크게 향상된다고 한다.

결론. 게임이 다 나쁘지 않다는 전제가 필요하다. 관건은 게임하기 적당한 시간이 언제고, 어느 정도인가다.

아주대 장예빛 교수에 따르면 초등학생은 애정을 많이 받고 개방적 의사소통을 자주 하는 경우 게임 몰입 시간이 줄어든다고 한다. 반대로 중·고등학생은 부모의 과잉 간섭·기대가 높을수록 게임 몰입이 심해진다고 한다.

스트레스를 풀기 위해 아이가 선택할 수 있는 가장 쉬운 수단이 게임이다. 대부분 학생은 휴식의 기능으로 게임에 접근한다. 여가에 아빠가 술을 마시고 엄마가 드라마를 보는 것과 다를 게 없는 활동이다. 특히 남자아이끼리는 게임을 같이하며 친해지는 일이 많다.

부모가 게임을 무조건 반대하면 안 된다. 게임을 못 하게 하는 것이 아니라 게임하기 적당한 시간이 언제고, 어느 정도인가를 서로 정하는 것이 필요하다.

> 아이가 게임을 할 때 진심으로 '쉬는 중이구나!'로 받아줘야 한다.

아이가 게임을 할 때 이렇게 생각해주면 어떨까? 여러분이 시댁에서 여러 가지로 신경을 쓰고 일하고 집에 돌아와서 침대에 30분 정도 누웠다. 그런데 귀가한 남편이 "또 누워있냐?"라고 한다면 30분의 휴식이 나에게 휴식으로 기억될까 아니면 그 휴식은 온데간데없이 사라지고 버럭 화가 날까?

아침에 바쁘게 아이를 등교시키고 한바탕 청소를 하고 나면 잠시 숨 돌리며 커피를 한잔하거나 드라마를 본다. 아이 또한 학교에서 열심히 공부하고, 학원까지 다녀오면 쉬고 싶다. 부모님이 원하는 아이의 쉬는 모습은 아마 '독서'일 것이다. 그러나 아이에게 독서는 휴식이 아닌 경우가 많다.

"지금 쉬는 중이구나" "쉬는 시간이구나" 평온한 목소리로 인정하며 말해주자. 더불어 "엄마가 요즘 강의를 들어보니 학생들이 마땅히 쉴 방법이 별로 없더라. 게임이 쉬는 방법의 하나라던데, 듣고 보니 공감되더라. 시간을 잘 조절하는 게 관건이래. 이왕 하는 거 재미있게 하고 스트레스 풀어"라고 해주자.

수강자 실천사례 13.
에스키모의 늑대사냥과 게임

'에스키모의 늑대사냥'을 검색해보면, 에스키모들은 늑대를 직접 사냥하지 않는다. 대신 얼음 바닥에 다른 동물의 피를 묻힌 칼을 거꾸로 꽂아놓고 숨는다. 그러면 늑대가 피 냄새를 맡고 제 발로 다가와 칼을 핥기 시작한다. 처음에는 칼날에 묻은 피만 핥지만 차츰 칼날을 핥고, 결국 칼날에 혀를 베인다. 그런데 이미 피 맛에 취한 늑대는 그 피가 자신의 피인 줄 모르고 계속해서 핥다가 결국 죽는다. 자신이 죽어가는 것을 알아차리지 못한 채 죽는 것이다.

에스키모가 늑대를 잡듯이 게임 산업도 아이들을 게임에 몰입하게 만들고 있다. 스스로 멈출 수 없고 분별하기 어려운 상황이 될 수도 있다. 학생 스스로 시간 조절이 어려우면 도움받기를 권한다.

인정해주고 서로 관계가 좀 편해지면 그때는 시간 조절에 대한 이야기도 더 잘 받아들일 수 있다. 게임을 통제해야 할 대상이 아니라 일종의 '보상'으로 활용하면 어떨까? 그럴 때는 "엄마랑 이 책 한 권 같이 읽을까? 재밌게 읽고 나면 1시간 정도 게임하면서 쉴 수 있게 해줄게!"처럼 접근하는 것이 좋다.

평온한 사과

사과하는 방법을 배우지 못했기에 누군가에게 사과하는 것이 서툴다. 또 문제가 있을 때 자신이 다 잘못한 것은 아니라서 통째로 사과하려고 하면 너무 억울하다.

사과할 때는 통째로 사과하지 말고 조각으로 사과한다. 그리고 사과할 마음이 생긴 즉시 할수록 좋다. 상대의 눈을 보고 사과하는 것이 진정성이 잘 전달된다. 사과할 때 목소리는 평소보다 조금 작게, 말의 속도는 평소보다 조금 느리게 할수록 사과하려는 마음이 잘 전달된다.

"민규 민주, 둘 다 이리와 봐. 엄마가 이야기를 다 들어봤는데, 민규가 민주를 때린 거 맞니? 그럴 땐 민주에게 '내가 때린 거는 미안

해'라고 말하면 되는데 할 수 있겠니?"라고 알려주고 아이의 눈을
바라본다. 그러면 민규도 때린 거는 미안하기 때문에 엄마가 알려준
대로 "때린 거는 미안해"라고 눈을 보고 사과한다.

그런 다음 "민주는 오빠한테 약 올린 거 맞아? 그러면 '약 올린 거는
미안해'라고 말하면 되는데 할 수 있겠니?"라고 알려준다. 서로 사
과하면 둘 다 편안해지는 것을 경험할 것이다. 무조건 "사과해!"가
아니라 아이가 이해할 수 있는 구체적인 잘못을 말해줘야 한다. 이
것이 '조각으로 사과하는 법'이다.

가끔은 친구와 헤어져 집에 왔는데 집에 와서 아까의 실수가 생각날 수
있다. 그럴 땐 "내가 지금 생각났는데, 아까 네가 물어봤는데 내가 대답 안 하
고 그냥 왔더라. 섭섭했지? 미안해"라고 바로 사과하는 것이 좋다.

수강자 실천사례 14.
조각으로 사과하기

아이들 간식 시간에 "얘들아 손 씻고 와서 간식 먹자"고 했다. 민석
이가 식탁으로 달려오다가 "엄마는 맨날 손 씻으라고 잔소리해. 지
겨워" 한다. 갑자기 어이가 없다.

손 씻고 나오는 아이를 물끄러미 바라본다. 민석이가 "엄마 제가
너무 예의 없이 말했죠? 죄송해요. 빨리 먹고 싶어서 말을 잘못했
어요" 한다. "그랬구나! 엄마는 놀라서 잠깐 얼음이 됐어. 그런데

민석이가 빨리 사과해주니까 마음이 녹았어. 빨리 사과해준 거 고맙다. 안 그랬으면 한참 동안 속상할 뻔했어."

아까는 몰랐지만 엄마 표정을 보고 알아차렸다면 그 즉시 사과하는 것이 제일 좋다.

미안한 부분을 사과하는 것에만 집중해야 사과받는 사람이 진실하게 느낀다. "내가 지금 생각났는데, 아까 네가 물어봤는데 내가 대답 안 하고 그냥 왔더라. 섭섭했지? 미안해"라고 잘 사과를 해놓고, "그런데 너도 지난번에 그런 적 있으니까 이해해 줘야 해"라고 하면 처음에 했던 사과보다 '너도 그런 적 있다'는 지적이 더 크게 남는다. 그래서 사과할 일이 있을 때는 길게 말하지 말고, 내가 사과할 행동이나 말만 간결하게 해야 한다.

관계능력을 키우려면?
상대방 이야기를 다 듣고 기억한 다음에 내가 말하기

요즘에는 말하는 아이만 많고 듣는 아이가 적다고 한다. 친구 한 명이 이야기를 시작하면 다른 친구들이 들어주는 게 아니라 동시에 자기 할 말을 시작한다. 친구의 말을 듣고 기억하지 않기 때문에 똑같은 말을 하는 아이도 있다.

이것은 습관의 문제다. 엄마도 두 자녀가 서로 이야기하려고 할 때 당황스럽다. 이럴 땐 규칙을 정하자. ① 먼저 상대의 이야기를 끝까지 듣고 다음 사람이 말하기 ② 상대방이 한 이야기를 들은 사람이 다시 정리해주고 내가 말하기.

"진희가 먼저 할 얘기를 잘 정리해서 말해볼래? 그리고 수진이는 존중하면서 끈기 있게 듣기. 그런 다음에 진희가 한 말을 잘 기억해서 다시 정리해서 말해주기. 어때?"

"엄마는 우리 가족이 평화롭게 서로 화합해서 살고 싶어."

"진희가 평온한 목소리고 잘 정돈해서 말했네."

"수진이가 존중하며 듣는 모습이 보기 좋았어."

"말과 행동이 일치하는 한결같음의 보석이 빛나던걸."

"내가 먼저 말하도록 배려해줘서 정말 기분 좋았어. 고마워"

"네가 용기 내서 진실을 말할 때 감동했어. 멋지더라."

"진수가 실수를 인정하는 정직한 모습이 멋있다. 용기 있네."

"얘기를 듣고 나니까 더 잘 이해가 됐어."

"나한테 발표기회를 양보해줘서 네가 너그럽다는 걸 확신했어."

"너희들에게도 가슴을 뜨겁게 만드는 사랑의 미덕이 있단다."

"절도의 미덕으로 딱 3분씩 돌아가면서 말하기."

"발표할 때 계속 호응해주니까 더 책임감이 생기더라."

"말씨를 상냥하고 공손하게 하니까 존중받는 느낌이야."

"즐거울 때나 슬플 때나 친구가 돼주는 우의가 필요해."

"최선을 다해 연습하더니 역시 탁월하네."

"너는 공평하게 대하니까 정의로움이 많은 친구라고 생각돼."

"자율의 보석을 깨웠어요. 우리가 스스로 순서 정할게요."

"먼저 인사해주니까 예의의 보석이 빛나더라."

"잘하기로 마음먹은 걸 보니 이상 품기 보석을 깨웠구나."

"네 얘기를 들어보니 결의가 대단한걸."

"안 될 줄 알았는데, 유연성을 발휘했구나!"

"그렇지! 형으로서 명예가 소중하지."

Part
3

자존감을 올려주려면

자존감 살리는
119, 112 작전

핵심작전은 액션으로 표현하고 액션으로 소통하는 것이다. 아이가 숙제를 다 했다고 하거나 칭찬받을 일로 엄마에게 의기양양해서 말하면 엄마는 행동표현으로 반응하자.

첫째, 밝은 표정을 만든다. 표정만으로도 칭찬의 효과가 크다. 우리가 갓 태어난 아기를 볼 때의 표정을 떠올리면 딱 좋다. 입술 모양이 중요하다. **입술을 '아~' 모양으로 벌려주면 표정이 밝게 보인다.** 입술이 붙어있으면 마음의 문이 닫혀 보인다. 눈도 동그랗게 크게 뜬다는 느낌으로 눈 맞춤한다.

둘째, 어깨를 으쓱거리는 동작의 보디랭귀지다. 아이가 자랑하려고 할 때나 신나서 말할 때 엄마가 그냥 듣는 것이 아니라 온몸으로 잘 듣고 있다는 표현을 한다. 유치원 보내기 전에 함께했던 율동들을 기억해보자. 엄마도 율동을 잘할 수 있다.

'곰 세 마리' 노래할 때 율동처럼 **어깨를 으쓱으쓱하면서 듣다가 양손 엄지 척을 하는 것이다.** 이러면 아이도 '엄마가 내 얘기를 듣고 정말 좋아하네''엄마도 기분이 좋구나'라고 느낀다. 칭찬할 때 행동표현을 충분히 활용하면 아이는 3~4배로 더 크게 기뻐하고 오래 기억한다.

셋째, 닭 날갯짓 동작의 보디랭귀지다. 엄마의 보디랭귀지는 가족에게 눈에 띄는 큰 변화다. **닭 날갯짓은 양팔을 접어서 겨드랑이 옆에서 위아래로 움직이는 동작이다. 두 팔을 동시에 움직여도 좋고 한쪽 팔을 번갈아 움직여도 좋다.** 활동적으로 움직이면 경쾌함이 생긴다. 아이가 "엄마 이거 정말 맛있어요" 하면 엄마가 닭 날갯짓하면서 "엄마가 잘 만들었지?" 하면서 뽐내는 것이다.

넷째, 기지개 켜는 동작의 보디랭귀지다. 약속한 일을 다 했다고 "엄마, 숙제 다 했어요''엄마, 문제집 다 풀었어요"라고 하면, 그 말이 끝나자마자 엄마가 바로 기지개를 켜는 것이다. 그리고 소리 내서 말한다. **"네가 다 했다고 하니까 엄마가 정말 개운하다''엄마는 숙제에 트라우마가 있었던 거 같아. 네가 숙제를 다 할 때까지 계속 신경 쓰고 있었어. 정말 잘했다. 잘했어. 엄마가 다 후련하다!"** 네가 잘해서 내가 얼마나 기분 좋고 개운하고 후련한지 표현하는 것이다.

다섯째, 한쪽 팔을 정면을 향해 쫙 펴서 손바닥으로 아이를 향해 장

풍을 내보내는 동작을 한 다음, 그 손바닥으로 엄마 가슴 중앙에 대는 동작이다. 그러고 나서 "너 엄마한테 효도한 거야!"라고 말한다. 일상에서 엄마를 기분 좋게 하는 모든 것이 효도다. 숙제를 다 한 아이에게 엄마가 기분 좋은 액션으로 효도했다고 인정해준다면, 아이는 숙제부터 하고 놀 것이다.

아이들은 왜 집에 오자마자 숙제를 빨리 안 하고 나중에 한다고 뒤로 미룰까? 아이가 숙제를 다 했을 때 엄마가 "이제는 좀 쉬어"라고 하는지, 바로 "그래, 그럼 학습지 3장 더 풀어"라고 하는지에 달려있다. 숙제를 서둘러서 다 했더니 엄마가 바로 학습지를 더 풀라고 하니까 천천히 하는 것이다.

이것은 마치 명절 음식 장만에서 맨 마지막에 전 부치기를 할 때의 상황과 연결된다. 며느리가 전 부치기를 다 마무리할 즈음, 생각보다 일찍 끝나면 어머님이 안 하기로 했던 다른 것을 만들자고 재료를 꺼내는 것과 비슷할 것이다.

엄마가 "민규가 숙제를 잘했네. 엄마 마음이 다 개운해. 수고했어" 하면서 엄지 척까지 해준다면 또 숙제를 잘해야겠다는 마음이 생길 것이다.

아이가 아직 숙제를 다 못했을 때는 "숙제를 다 못했네. 그럴만한 이유가

있었나 보네. 지금부터 몇 분을 주면 이 숙제를 다 할 수 있겠니?"라고 평
온한 목소리로 속삭이듯 말한다. 엄마가 활발하고 밝으면 자녀는 심
리적으로 편안함을 느낀다. 편안할 때는 집중력도 좋아지고 무엇을
하든지 잘할 수 있다. 칭찬으로 키우는 아이가 자존감도 높고, 열정과
책임감도 커진다. 이때 칭찬은 꼭 행동과 같이 해줘야 한다.

의사소통에 중요한 세 가지

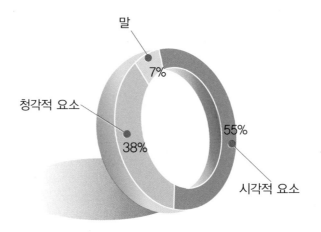

메라비언의 법칙(The Law of Mehrabian)이 있다.

심리학과 명예교수인 앨버트 메라비언은 대화하는 사람들을 관찰하고 상대
방에 대한 호감을 느끼는 순간을 포착해 누군가와 처음 대면했을 때 그 사람
에 대한 인상을 결정짓는 요소(메시지의 전달요소)를 분석했다.
연구 결과에 따르면 결정적 요인은 상대방 말의 내용이 아니라 이미지였
다. 상대의 인상이나 호감을 결정하는 데 목소리는 38%, 보디랭귀지가
55%(표정이 35%, 태도가 20%)의 영향을 미쳤지만, 전화로 상담할 때는

목소리의 중요성이 82%로 올라가며, '말하는 내용' 그 자체는 겨우 7%의 효과만 있었다고 한다.

대화는 언어적인 표현과 비언어적인 표현으로 나뉜다. 전문가일수록 비언어적인 표현의 중요성을 강조한다. 즉, 효과적인 의사소통에 말투나 표정, 눈빛과 제스처 같은 비언어적 요소가 차지하는 비율이 무려 93%의 높은 영향력을 가진다는 것이다. '행동의 소리가 말의 소리보다 크다'는 명언을 탄생시킨 이론이다.

자존감을 올려주려면

엄마의 손다리미

어린 시절 배가 아플 때 엄마가 손으로 배를 문질문질 만져주면 금방 편안해졌다. 엄마의 손 마사지는 이 세상에 가장 따뜻하고 편안한 사랑의 스킨십이다. 부드러운 손 마사지를 하는 시간만큼 관계가 더 긍정적으로 발전한다.

어릴 때는 당연히 많이 하던 손 마사지가 언제부터 뜸해질까? 아이를 유치원이나 학교에 보내게 되면, 따뜻하게 손 마사지해주던 엄마손이 아이를 겁주고 혼내는 무기가 되곤 한다. 아이를 잘 가르치려고 하다 보면 엄마 손이 바빠진다. 아이를 잡아끌기도 하고, 아이를한 대 툭 치기도 하고, 제대로 하라며 밀기도 한다. 어느 순간부터는 엄마 손이 올라가면 아이가 공포를 느낀다.

그럴 땐 앞에 언급한 '손다리미'가 유용하다. '손다리미'는 어린 시절 엄마의 스킨십을 기억나게 하는 편안하고 따뜻한 스킨십이다. 손바닥을 펴서 상대를 천천히 문지르는 방법이다. 빨래하고 난 후 다리미질하면 구김이 쫙 펴지듯이, 아이의 몸을 손다라미해주면 아이의 표정과 마음이 펴진다. 방금 엄마에게 야단맞고 눈치 보는 아이를 불러서 손다리미로 등을 크게 동그라미 그리면서 문질러주면, 잘못해서 혼낸 것뿐이지 엄마는 여전히 아이를 사랑한다는 마음을 전달할 수 있다.

자존감을 올려주려면

> 엄마에게 야단맞은 아이는 눈물을 뚝뚝 흘리고 엄마는 "세수하고 와"라고 말한다.

아이가 세수하고 나오면 엄마는 아이를 꼭 안아주면서 어루만진다. "엄마가 너를 사랑하니까 잘되라고 한 말이야. 알지?"라고 말하면 아이는 금방 울음을 삼키면서 위로받는다. 바로 이 역할을 효과적으로 해주는 게 손다리미다.

자녀가 어릴 때는 엄마가 만져주면 무조건 좋아한다. 그러나 사춘기가 되면 "아~ 머리 만지지 마요!" 하면서 엄마의 손이 얼굴이나 머리를 만지는 것을 싫어하게 된다. 엄마도 어릴 때보다 아이를 혼내는 시간이 늘고 상대적으로 안아주거나 도닥이는 시간이 줄어든다.

수강자 실천사례 15.
자녀에게 손다리미

아이들이 잠자리에 들고 나서야 아이 방을 둘러보면서 이불을 다시 잘 덮어주거나 보던 책을 책상에 올려주곤 한다. 이때 엄마의 손다리미가 최고의 효과를 올릴 수 있다.

어느새 성큼 키가 커서 침대가 제법 꽉 찬 아이를 보면 참 뿌듯하고 대견하고 기분 좋다. 이럴 때도 손다리미와 함께 표현을 해줘야 한다.

이불 속에 손을 넣지 말고, 이불 위에서 아이의 종아리를 위아래로 움직이며 문질러주는 것이다. 손다리미할 때 작은 목소리로 "정말 키가 많이 컸네. 침대가 꽉 차는 것이 무척 든든하다"라고 말을 해도 좋다. 그러면 아이가 잠결에 기분 좋은 스킨십을 알아채고 행복해한다.

어떤 날은 딸이 잠결에 "엄마 고마워요"라고 말한다. 아들은 이쪽 다리도 문질러달라는 듯이 다른 쪽 발을 내밀기도 한다.
"아까 낮에 그렇게 소리 지르고 성질 부리던 그 아줌마가 지금 보니 내 엄마 맞구나 생각됐어요."
손다리미에 대한 경험 나누기 시간에 들은 너무도 인상 깊었던 말이다. 이렇듯 엄마의 따뜻한 손길에서 '내 엄마 맞구나'를 알게 된다.

여배우처럼

자
존
감
을
올
려
주
려
면

,

엄마가 어떤 말을 하거나 표현할 때 제대로 하지 못하면 아이가 감독이 돼서 "NG~"라고 말하는 방법이 있다. 이 방법은 엄마가 먼저 가족에게 공지사항으로 안내하고 시작해야 한다.

공지사항 : 엄마가 목소리나 표현력을 긍정적으로 바꿔보려고 해. 작고 예쁜 목소리와 몸동작을 하면서 말하는 건데, 오늘부터 해볼 거야. 처음이라서 서툴 수 있어. 목표는 여배우처럼 표현하기야. 엄마가 잘못하면 네가 감독님처럼 "∩G~"라고 말해줘. 단 ∩G는 하루에 3번만 하는 거야. 훌륭한 배우들도 감독님이 너무 많이 ∩G라고 말하면 자신감이 뚝 떨어지면서 연기를 그만둔대. 엄마도 처음이라서 좀 어색할 텐데 ∩G 조금만 해줘~.

이 NG는 엄마를 뺀 가족이 엄마를 향해 말하는 방법이다. 그동안 가족에게 제일 많이 NG를 날렸던 사람이 엄마니까 당분간 가족에게 NG 사용권을 주는 것이다. 아이들도 신나서 엄마에게 NG를 외칠 것이다. 단, NG를 받아도 절대 화내면 안 된다.

이런 엄마의 모습에서 아이들이 수용을 배운다. NG를 받으면 그때 그 기분을 느껴보고 생각해보라. 가족이 엄마에게서 받았던 그 느낌. "그냥 하지 마, 인제 그만해. 없었던 일로 해"라고 포기선언 하지 말고 **"아~ 엄마가 너 야단쳤을 때 너도 이런 기분이 들었니? 엄마가 입장을 바꿔보니까 금방 알겠다"** 하면서 서로 소통의 끈으로 이용하기를 바란다.

엄마가 된 다음 나의 표현능력(연기력)은 어느 정도일까?

아이가 어릴 때는 같이 영화 보고 동화책도 읽으면서 풍부한 감성과 표현력을 발휘한 기억이 있다. 동화구연 선생님처럼 다양한 목소리로 책을 읽어주고 표정도 바꿔가면서 놀라기도 했다. 울기도 하며 실감 나게 오버액션을 보여줬던 기억도 난다. 그때가 연기력이 최고의 정점을 찍었던 시절인가?

아이가 유치원에 다니고 초등학교에 다니면 엄마들의 표현이 '지친다' 정도로 단순해진다. 이웃 엄마들과는 환하게 잘 웃다가도 우리 가족만 보면 표정이 단순해진다.

내 아이에게 친절한가? 옆집 아이에게 친절한가?

내 남편을 보고 웃는가? 옆집 아저씨 보고 웃는가?

가족에게 나의 표정 연기는 어떠한가?

내 마음을 잘 전달하고 있는가?

나는 표현능력이 어느 정도인가?

왜 나는 가족에게 긍정적인 연기가 잘 안 될까?

너무 지쳤기 때문이다. 힘들면 그렇다. 몸이 힘들면 연기력을 잘 발휘할 수 없다.

꼭 해야 할 말은 하지만 목소리나 표정, 몸짓으로 전달하려던 사랑의 마음이 아니라 귀찮다는 것으로 전달되는 때도 있다. 연기력이 좋아야 훌륭한 여배우가 된다. 엄마들도 여배우처럼 표현을 잘하는 것에 집중해야 한다.

대화 방법이나 의사소통 노하우에는 세 가지 대원칙이 있다.

① 대화는 양보다 질이다. 말을 많이 하는 것보다 잘 듣고 잘 말하는 것이 중요하다.

② 무엇을 말하는가보다 어떻게 말하는가가 중요한 때가 더 많다.

③ 대화의 타이밍이 중요하다. 상대가 들을 준비가 됐는지 살펴야 한다.

엄마들이 긍정표현과 부정표현 중 어떤 표현에 더 익숙할까요?

아이는 부모가 많이 사용하는 표현에 영향받는다. 엄마의 표현은 아이에게 살아서 주는 유산이다. 집에서 가장 영향력 있는 엄마가 먼저 재미있는 동작과 표현을 하면 가족도 처음에는 웃다가 이내 함께한다. 그래서 TV 개그 프로그램에서 유행하는 동작들을 따라 해본다. 아이들이 웃는다. 왜 그러냐고 묻는다. 연기공부 중이라고 대답하고 엄마가 잘하고 있는지 평가를 부탁하며 연기지도를 받기도 한다. 또 일부러 유행어를 말하는 연습도 한다. 연기를 실감 나고 맛깔나게 하는 공부도 한다.

119
112

부
모

수강자 실천사례 16.
여배우로 거듭나기

어떻게 말하는가가 바로 표현방법, 연기력이다. 어떤 목소리로 말하는가? "사랑해"라는 말도 목소리에 따라 다르게 들린다. 표정도 미소 지으며 말하는지 눈을 바닥으로 했다가 옆눈질하면서 말하는지에 따라 완전 다르게 해석된다.

여배우로 거듭나기는 내가 여배우로 캐스팅됐다는 전제로 표현하는 것이다.

말은 하지 말고 액션표현만 해보자! '엄지 척' '양 엄지 척'을 보여준다. 눈 맞춤하고 씽긋 웃어준다. 눈웃음을 한다. 윙크를 날린다. 입을 '아~' 벌린 모양으로 눈 맞춘다. 입술을 쭈욱 내밀어 뽀뽀를 보낸다. 손가락 10개를 쫙 펴서 얼굴 양쪽에 대고 입을 벌려 웃는다. 소리는 작더라도 밝은 표정과 함께 박수를 친다. 어깨를 한쪽씩 번갈아 들썩인다. 양어깨를 동시에 들썩인다. 엉덩이를 양쪽으로 실룩샐룩한다. 한쪽 팔을 하늘로 치켜들고 눈인사를 한다. 하이파이브하자고 손바닥을 내민다. 입 모양으로 '오~'를 하고 고개를 위아래로 흔들어 인정을 표시한다. 만세 동작으로 양팔을 팔꿈치까지 쭉 펴고 손바닥을 흔들며 환영한다. 양손으로 턱받침하고 눈만 깜빡거리면서 쳐다보기. 슬픈 표정 짓기. 그러다가 빠르게 활짝 웃기.

다양한 목소리 연출하기! 천천히 아주 작게 속삭이는 방법, "좋아 좋아 좋아" 3번 말하는 방법, "허걱""우울""속상""기대됨""당황스러움""믿음직함""긴장됨""신난다"고 지금 내 기분을 말하기. 그리고 문장을 타령조로 흥얼거리거나 래퍼처럼 자유롭게 랩을 하듯이 유연하게 말하는 것도 방법이다.

약이 되는 칭찬
VS
독이 되는 칭찬

'말 한마디로 천 냥 빚을 갚는다'는 속담부터 ≪칭찬은 고래도 춤추게 한다≫는 책에 이르기까지 칭찬은 꾸준히 화두가 되고 있다. 칭찬은 사람을 신나게 하고 행복해지게 만드는 탁월한 미덕이다. 칭찬에는 선(善)한 의도가 전해져야 한다. 어떤 목적을 가지고 의도적으로 사람을 조종하려고 하는 칭찬은 상대가 반드시 그 의도를 알게 된다. 상대가 잘한 것만 말해주면 칭찬이 된다.

잘한 것은 당연하고 잘못한 건 고쳐서 더 잘하게 하려니 칭찬에 인색해진다. 칭찬에 '잘한 것만 코멘트, 잘못한 건 노코멘트' 이런 기준을 두면 좋겠다.

칭찬이라고 다 약이 되는 것은 아니다. 엄마가 기분 좋은 날은 아이랑 눈 마주칠 때마다 방긋 웃고 "우리 지연이 최고다" "우리 지연이 예쁘네"라 고 한다. 진짜 칭찬일까?

아이가 어릴 때는 엄마가 나를 정말 좋아한다고 생각해서 칭찬 효 과가 있을 것이다. 그러나 초등학교에 다닌다면 조금 다르다. 엄마의 칭찬에 일관성이 필요하다. 똑같이 행동했는데 어느 날은 칭찬을 과도하게 하고, 또 어느 날은 당연하다고 해버리는 일들이 반복되면 엄마의 칭찬은 약발이 떨어진다. 그때부터는 칭찬을 들어도 '엄마 는 나를 예뻐하고 좋아한다'고 생각하기보다 '엄마가 지금 기분 좋 구나'로 받아들인다.

엄마들은 칭찬을 잘 활용해야 한다. 칭찬은 상대방의 자존감을 높 여준다. 동화작가 안데르센도 어머니의 칭찬으로 재능을 꽃피웠다. 칭찬을 받으면 칭찬해준 사람과의 관계가 더 긍정적으로 발전한다. 칭찬은 인정받고 있고, 관심과 사랑을 받고 있다는 것을 확인해주 기 때문이다. 그리고 말로 하는 칭찬보다는 표정이나 몸짓으로 전 달하는 칭찬이 훨씬 더 오래 기억에 남아서 큰 힘을 발휘한다.

약이 되는 칭찬은 아이가 잘한 행동이나 말에 대해
엄마의 기분과 감정이 어떤지를 덧붙이는 방법을 말한다.

자존감을 올려주려면

"착하구나!"보다는 **"친구를 도와주는 걸 보니 착하구나!"** 같은 표현이 더 좋다. 구체적인 이유를 말하면서 칭찬했기 때문에 다음에도 친구를 돕는 행동에 기준이 될 것이다.

아이들에게 사랑은 무조건으로 많이 줄수록 좋다. 그러나 칭찬은 아이의 구체적인 행동이나 말에 대해 진정성을 담아 표현해야 한다. 객관적인 일로 칭찬받았을 때 더 효과가 좋다. 예를 들면, 다음과 같은 칭찬이다.

"할아버지께 밝고 큰 목소리로 인사하니까 자랑스럽더라."
"엄마한테 먼저 의견을 물어봐줘서 고마워."
"한 번 깨워서 벌떡 일어나니까 믿음직하구나."
"빨리 숙제를 다 했다고 하니까 엄마가 홀가분하다."
"네가 마신 물컵을 싱크대에 넣어주는 거 무척 도움이 된다."
"집에 오자마자 손을 씻는 걸 보니 안심이 되네."

칭찬을 듣고 나면 마음에 기쁨과 행복, 긍정성이 커져서 뇌세포도 수용 능력과 이해 능력이 향상된다. 아이를 인정해주는 사소한 칭찬 한마디가 그 아이에게 인생의 결정적인 한마디로 기억될 수 있다.

수강자 실천사례 17.
알림장 검사

초등 저학년 자녀에게 제일 좋은 칭찬 포인트는 알림장 검사다. 알림장 검사 목적은 내 아이를 칭찬하기 위해서다. 당연한 것을 칭찬하기 위해서다. 그러니 마음에 드는 부분을 골라서 칭찬해야 한다. 마음에 안 드는 부분은 노코멘트하는 기지가 필요하다.

자녀가 학교에서 돌아오면 엄마들은 "알림장 보자"고 한다. 아이는 "네~ 엄마. 여기 알림장이요" 하며 알림장을 친절하게 펴서 엄마에게 내민다.

"잘 써왔구나! 오늘은 알림이 두 개네. 글씨 또박또박 잘 썼다. 첫 줄부터 셋째 줄까지 한 글자씩 정성스럽게 잘 썼네."

"이렇게 알림장 잘 써오는 거 아주 좋은 습관이래. 잘했다."

이렇게 칭찬해주자.

글씨도 칭찬해주면 더 잘 쓴다. 글씨 칭찬은 "또박또박 잘 썼네"라고 하면 된다.

"엄마. 왜 갑자기 글씨를 잘 썼다고 해요?"

"엄마가 요즘 강의 듣고 배웠는데 너처럼 이렇게 한 글자씩 떨어트려서 쓰면 또박또박 잘 쓴 거래. 예쁘게 쓰는 것보다 배운 내용을 많이 쓰는 게 더 중요하대. 그래서 잘 썼다고 한거야."

글씨에 대한 편견 깨기. 사람들은 얼굴 생김새가 제각각이다. 글씨체도 당연히 제각각이다. 글씨를 예쁘게 잘 쓰면 공부 잘하고 높은 성적을 받는 걸까? 관계없다. 그럼 노트필기를 많이 하는 것은 학습량과 관계가 있을까? 그렇다. 글씨를 예쁘게 쓰지 않더라도 선생님 말씀을 놓치지 않고 잘 쓴다면 공부를 잘할 가능성이 있다.

"학교에서 돌아오면 아이가 숙제부터 하고 놀면 좋겠는데,
자꾸 나중으로 미루고 결국 자기 전에 하느라고 전전긍긍해요.
어떻게 하면 좋을까요?"

왜 숙제하는 것을 뒤로 미룰까? 이유는 간단하다. 숙제를 일찍 해도 좋은 게 없어서다. "엄마 숙제 다 했어요" 하면 엄마가 기뻐하는가? 아니다. "그래? 그럼 학습지 3장 더 풀어"라는 말이 들려온다면 아이 입장에서는 숙제를 빨리하면 할수록 엄마가 하라는 공부만 늘어날 뿐이다.

아이가 먼저 놀고 나서 숙제하겠다고 결정하면 그렇게 하는 방법도 있다. "엄마 생각과는 다르지만, 네 의견을 존중해서 1주일 동안은 그 방법으로 해볼게. 그렇게 1주일이 지난 다음에 어떤 방법이 더 너에게 도움이 될지 다시 이야기해보면 어때?"라고 하는 것이다.

1주일 동안은 잘하지 못하더라도 노코멘트하고 아이의 행동을 메모해둔다. 체험형 아이들은 자기방식으로 해보고 싶다. 시간이 걸리고 좀 불편하더라도 직접 해보고 나서야 인정하려고 한다.

공부의 방법은 정말 다양하다. 1주일 후에 엄마는 스스로 잘했던 날과 잘못했던 날에 대해 거울로 자신을 비춰주듯 알려주기만 하면 아이가 생각하고 방법을 결정한다. 엄마의 방법과 아이의 방법을 동등하게 인정하고 결과적으로 어떻게 하는 것이 더 도움되고 합리적인지 생각한다. 이런 과정에서 아이가 존중받았다고 느끼면 더 책임감을 갖게 된다.

칭찬도 부작용 있어요?

아이의 기를 살린다고 무조건 칭찬하면 아이를 무기력하게 만든다. 어떻게 해도 칭찬받는다면 열심히 할 이유가 없다. 이것이 '독이 되는 칭찬'이다. 잘못된 칭찬은 부작용을 가져온다. 잘못된 칭찬은 아이를 망칠 수도 있다.

"정말 똑똑하구나"와 "너 참 애썼구나"의 두 가지 칭찬에 대해 생각해보자.

지능이나 재능은 교육을 통해 발달할 수 있다. 높은 지능이나 재능 자체를 칭찬하는 것은 바람직하지 않다. 똑똑하다든지 지능이 높다는 칭찬을 들으면 아이들은 실망시키고 싶지 않은 마음에 더 쉬운 문제를 풀려고 한다. 실패할 만한 일에는 아예 도전하려고 하지 않는 안정지향성이 생긴다. 반면, "너 참 애썼다"와 같이 과정에 대해 칭찬받으면 더 노력하게 된다. 마음먹은 일을 포기하지 않고 해결하겠다는 자신감과 결의에 대해서도 칭찬이 필요하다.

아이가 참고 끝까지 해보는 과정을 칭찬하는 것이 중요하다. 결과만 가지고 칭찬할 경우 노력이라는 과정을 쉽게 생각할 수 있기 때문이다. 어쨌든 결과인 성적이 올라갔으니까 예의를 좀 덜 지키더라도 칭찬해야 하는가? 그건 아니다. 답이 틀리더라도 그 문제를 해결하려고 끙끙거리고 관련된 책을 펴서 여기저기를 찾아보고, 노트필기를 뚫어지라 보고, 프린트를 챙겨서 보는, 노력하는 모습을 발견해서 칭찬해야 한다.

"엄마, 왜 요즘 이상하게 자꾸 나를 칭찬해요?" 하면 뭐라고 대답해야 할까?

"네가 예쁘니까 칭찬하는 건데, 왜 싫으니?"
"그럼 지금까지 내가 안 예뻐서 칭찬 안 했던 거예요? 엄마는 변덕쟁이네. 또 언제 변할지 모르겠다. 믿을 수가 없어."
당황해서 둘러대듯 대답하는 것보다는 정직하게 말해보자.

"엄마가 요즘 칭찬을 많이 한다고 느끼니? 그럼 성공이다. 기분 좋은데? 사실 엄마가 요즘 부모교육을 배우잖아. 칭찬을 많이 듣고 자란 아이가 자존감도 높고 인성도 좋대. 그래서 엄마도 마음먹고 배운 대로 더 열심히 칭찬할 내용을 찾는 중이야. 엄마는 너를 정말 잘 키우고 싶거든. 배운 대로 잘 실천하고 싶어. 배운 사람은 다르다더니 엄마가 요즘 배우니까 달라지나 보다. 엄마가 잘하고 있는 거니까 신난다."

칭찬을 많이 하는 것도 중요하지만 진정성이 잘 전달되는 것이 더 중요하다. "떨려요" "자신 없어요"처럼 아이가 두려움을 가지고 말할 때는 "너는 충분히 잘할 수 있다"고 격려하는 칭찬보다는 "떨리는 게 당연하지"처럼 공감해주는 것이 더 바람직하다. 공감받으면 스스로 문제를 해결할 수 있는 새로운 힘이 생기기 때문이다.

수강자 실천사례 18.
숙제검사

숙제검사할 때도 칭찬하자! 엄마들이 숙제검사를 매일 하지는 않는다. 언제 숙제검사를 하나 보면, "너 숙제 다 했니?" 물었는데 대답이 좀 수상할 때다. 아이가 숙제를 잘 안 한 것 같은 느낌이 올 때, 그런 날 확인 차 숙제검사를 한다. 숙제검사는 숙제만 확인하는 것이 아니고, 글씨까지 검사하면서 야단치는 경우가 많다. 어쩐지 좀 미심쩍더니 숙제를 덜 해놓고도 다 했다고 할 때도 있다. 이럴 때 엄마들은

"너 엄마한테 거짓말했구나""숙제 다 해놓겠다고 했는데 약속을 안 지켰다"고 하면서 야단치고 몰아붙이는 경우가 있다.

숙제는 학생에게 중요한 과업이다. "엄마 숙제 다 했어요" 하면 엄마는 기분 좋은 목소리로 기지개를 켜면서 행동표현으로 칭찬하자.
"와~ 잘했다. 네가 숙제를 다 했다고 하니까 엄마가 기분 좋고 개운하다. 잘했어. 너 엄마한테 효도한 거다."
"네가 숙제를 다 했다고 하니까 정말 기분이 좋구나."
"이제 쉬자."

왜 숙제를 잘 안 하느냐고 아무리 어르고 달래본들 소용이 없다면, 잠깐 멈추고 생각해보자. 이제는 좀 방법을 바꿔보자. 숙제검사를 아이가 기분 좋은 이벤트로 경험하게 하는 것이 필요하다. 아이가 당연히 해야 할 숙제를 했는데 무슨 효도란 말인가? 세상에 당연한 일은 없다. "잘했다"는 말을 3번쯤 해서 충분히 인정받은 느낌을 줘야 한다.

숙제를 다 하는 것은 학생으로서 해야 할 과업을 근면하게 하는 것이고 기본 공부이기도 하다. 그래서 엄마들이 신경 쓰는 것이다. 왜 숙제를 다 못했는지 이유를 살펴야 한다. 어려워서 다 못한 경우와 다른 것에 관심을 쏟느라고 다 못한 경우는 다르기 때문이다.

칭찬포스트잇 프로젝트

칭찬포스트잇 프로젝트는 엄마가 매일 아이 방에 칭찬을 적은 포스트잇을 붙여주는 것이다. 카페에 가면 한쪽 벽에 포스트잇이 잔뜩 붙어있는 것처럼 내 아이의 방에도 그런 장소를 만들어주는 것이다. 아이들은 엄마가 해준 칭찬을 많이 기억할수록 좋다. 그냥 보기만 해도 기분이 좋고, 충전되고, 힐링이 되는 공간을 아이 방에 만들자는 것이다.

"엄마가 오늘 강의 들으러 갔는데 숙제가 있어."

"숙제요? 무슨 숙제인데요?"

"응. 너랑 동생에게 매일 칭찬을 써줘야 하는 숙제야. 좋지? 이 숙제가 마음에 들어서 열심히 해보려고 해. 네가 잘한 행동이나 말을 엄마가 포스트잇에 써서 칭찬하고 네 방에 붙여주는 거야. 어때?"

119
112

부모

＊수강자 아이들 방의 칭찬 포스트잇

이렇게 엄마가 앞으로 어떻게 변할 것인지 공지사항으로 알린다. '숙제'라고 말하니 스스로 변하는 것이 덜 쑥스럽다고.

"근데 엄마는 맨날 야단만 치는데, 어떻게 칭찬할 건데요?" 하고 물으면 "사실은 칭찬할 것도 많이 있는데 좀 서툴렀어. 이제 배우고 있으니까 점점 잘하게 될 거야. 기대해봐"라고 대답한다. "엄마, 오늘은 숙제 안 해요?" "엄마는 칭찬이 맨날 비슷해요" 하며 아이가 오히려 숙제 검사를 하게 된다.

포스트잇 프로젝트는 아이만을 위한 것이 아니다. 엄마도 아이의 좋은 모습을 수시로 기억하고 확인하면서 도움받는다.
간혹 사춘기가 온 중고등학생 자녀들은 엄마의 포스트잇 프로젝트를 거부하기도 한다. 엄마가 잘 설명해도 이미 살아온 날들이 그랬듯이 뭘 새롭게 하지 말고 그냥 그대로 살자고 한다. 그것은 엄마에게 특별히 기대하지 않는다는 의미다. 엄마가 공부 말고 칭찬해주는 게 거의 없었기 때문이다.

포스트잇 프로젝트에서는 주의해야 할 점이 두 가지 있다.
첫째, 숙제나 공부에 대한 칭찬이 아니라, 일상생활의 말과 태도를 칭찬하자. 숙제나 공부 칭찬을 하면 내일 또 숙제나 공부를 잘하라는 압력으로 작용할 수 있어서 칭찬을 누릴 수가 없다. 가장 일상적인 칭찬이 좋다. 의식주와 관련해서 칭찬해보자.

"오늘도 밥을 남기지 않고 잘 먹으니까 엄마가 행복하다."

"우유 마시고 컵을 싱크대에 넣어주니까 엄마가 편하다."

"외투를 벗어서 네 방으로 가져가서 거실이 정리된 느낌이라 개운하다."

"예진이가 빨리 사과해줘서 엄마 마음이 금방 풀렸어. 고마워."

"짜증 부리지 않고 예쁘게 말해줘서 엄마가 기뻤어."

"핸드폰을 더 하고 싶었을 텐데 절제하는 재성이가 멋지고 믿음직했어."

둘째, 형제자매와 연결해서 칭찬하지 말자. 당사자만 칭찬해주는 것이 진짜 칭찬이다. 동생 잘 챙겨서 고맙다는 칭찬은 계속해서 동생을 잘 챙기라는 압력으로 들릴 수 있다.

"학교 끝나고 늦지 않게 집에 오니까 안심돼서 좋았다."

"중간에 문자 보내줘서 고마웠다."

"엄마가 늦게 집에 와도 혼자 잘 지내고 있어서 믿음직했다."

"집에 오자마자 손을 잘 씻어서 안심된다."

"엄마 머리 만져줘서 기분 좋았어."

칭찬할 때는 자녀가 잘한 행동이나 말을 구체적으로 쓴 다음, 그래서 엄마의 마음이 어떠한지를 적는 것이다.

칭찬 : 자녀의 행동 + 엄마의 마음

엄마의 마음을 표현할 때는 감정단어를 활용하면 좋다.

수강자 실천사례 19.
칭찬기억과 야단기억

아이들은 칭찬받은 기억과 야단맞은 기억 중 어떤 기억이 더 많을까요? 엄마가 해준 칭찬을 빨리 잊어버리는 이유는 말로만 칭찬해서다. 특히 행동표현 없이 교양 있는 목소리만을 사용하는 경우가 많다. 야단맞은 기억은 왜 또렷하고 오래갈까? 첫째, 한 가지 잘못에 여러 번 야단맞는다. 둘째, 영상으로 기억되기 때문이다. 야단칠 때 엄마는 화난 표정이고 흥분된 목소리로 공포액션을 하니까 오래 기억되는 것이다.

칭찬하다 보면 온통 감사하다. 칭찬을 포스트잇에 적어주는 칭찬 포스트잇 프로젝트는 당연한 일상에 칭찬을 주고받으면서 서로 돈독해지고 행복한 마음이 들게 하는 긍정적인 방법이다.

자존감을 올려주려면

수강자 실천사례 20.
칭찬사례모음

칭찬하려고 해도 칭찬할 게 안 보여요. 당연하고 평범한 일부터 칭찬하자. 당연한 일을 칭찬하면 더 좋은데, 특별할 때만 칭찬해서 인색한 것이다.

"엄마 얘기 잘 들어줘서 고마워."

"너랑 많이 얘기할 수 있어서 행복했다."

"같이 얘기하니까 네 덕분에 기분이 좋아졌어."

"얘기 나누길 잘했다. 안 그러면 오해할 뻔했어."

"네가 내 손을 잡을 때 진심이 느껴졌어."

"먼저 문자 보내줘서 고맙다"

"웃는 표정이 참 밝고 좋다."

"오늘도 웃으면서 인사하니까 엄마가 기분이 좋고 안심된다."

"학교 다녀와서 먼저 학교 얘기를 하니까 안심돼서 좋다."

"밥 잘 먹어주니 기분이 좋구나."

"엄마한테 예쁜 목소리로 대답해줘서 고맙다."

"숙제 다 했다고 먼저 말해주니 안심되네."

"옷은 자기 방에 벗어 놓으니 거실이 평화롭게 정돈된다."

"엄마에게 예의 있는 태도로 부탁하니까 의젓하네."

"사랑하는 우리 딸이 오늘도 엄마 옆에 있어서 행복하다."

"우리 가족이 모두 모여서 식사하게 돼서 감사하다."

"심부름을 기꺼이 해줘서 고맙다."

"엄마한테 예의 바르게 존댓말 사용해서 기분 좋다."

"오늘도 밥 잘 먹고, 잘 먹었다고 인사하니까 보람 있네."

"책가방 제자리에 놓으니까 정리가 잘된 것 같아 흐뭇하다."

"들어오자마자 손 씻고 기특하다."

"엄마 부탁 들어줘서 감동이다."

"아빠 오실 때 현관에 가서 인사하니까 엄마가 뿌듯했어."

"아까 선생님께 공손한 목소리로 인사하는 모습이 멋지더라."

"큰 소리로 대답하니까 후련하다."

"빨리 따라오니까 안심이 된다."

"네가 맛있다고 하니까 기분이 좋다."

제삼자를 통해 칭찬하기는 '특효약' 같은 효과가 있다.

"아빠가 아까 대답도 잘하고 빨리 달려온다고 칭찬하더라."

"아빠가 아빠 친구들에게 인사 잘해서 자랑스러웠대."

"엄마가 오늘 지수가 스스로 많은 걸 했다고 자랑하더라."

내가 어떤 칭찬을 들었는지 기억한다. 칭찬을 많이 들어본 사람은 다른 사람을 칭찬하기가 쉽다. 어떤 칭찬이 지금까지도 기억에 남는가? 어떤 칭찬에 감동했던가?

기-승-전-마무리는 칭찬으로 훈훈하게 하는 걸 제안한다.

분노조절에 대한
셀프 체크리스트

분노조절에 대한 셀프 체크리스트

1. 성격이 급해 쉽게 흥분해 화낸다.

2. 남의 잘못은 그냥 넘기지 못한다.

3. 일이 안 풀리면 해결하기보다는 쉽게 폭발한다.

4. 화를 조절하지 못해 중요한 일을 망친 일이 있다.

5. 화나면 주변의 물건을 던진다.

6. 무시당하고 억울하다는 생각이 자주 든다.

7. 잘한 일은 인정받아야 하고 그렇지 못하면 화가 난다.

8. 내 잘못도 다른 사람 탓을 하게 된다.

9. 분이 쉽게 풀리지 않아 운 적이 있다.

10. 화나면 폭언이나 폭력을 행사한다.

11. 분노가 생기면 조절되지 않는다.

12. 게임할 때 의도대로 되지 않으면 화가 치민다.

> 1-3개 충동조절이 가능한 상태다.
> 4-8개 충동조절이 조금 어려운 상태다.
> 9-12개 전문가와 심리상담이 필요하다.

[출처 : 삼성서울병원]

이서원 교수에게 분노조절을 배운 적이 있다. 교수님은 화를 풀면 삶이 풀린다고 했다. 첫 번째 활동은 A4용지를 반으로 접는 것이다. 접은 한쪽 면에는 내 어머니가 화나면 어떤 말, 어떤 표정, 어떤 행동을 했는지 적는다. 다른 한쪽에는 내 아버지가 화나면 어떻게 하는지 적는다. 혼자만 볼 것이고 발표시키지 않으니 편하고 솔직하게 적으라고 했다. 그런 다음 종이를 펴서 양쪽 면을 다 보면서 지금 내가 화나면 하는 말, 표정, 행동을 그 종이에서 찾아보라고 한다. 분명 그 속에 다 있을 거라고. 그것이 화의 대물림이다.

화에 대해서 배우고 분노조절을 배우면 잘못된 대물림의 연결고리를 자를 수 있다. 아이가 화를 조절하지 못해 고민인가? 그렇다면 아이를 잡을 것이 아니라 부부의 생활을 되돌아봐야 한다. 화낼 때는 다 이유가 있다.

화는 내가 옳아서 나는 거다. 누구든지 화낼 때는 내 생각에 내가

옳기 때문이다. '네가 틀렸고 내가 맞다'라고 확신하니까 그렇게 화
낼 수 있다. 조금이라도 '내가 틀렸으면 어쩌지?' 하는 마음이 생기
면 그렇게 버럭 화내기 어렵다.

교실에 친구끼리 갈등이 발생하면 어떤 친구는 조목조목 따지면서
자기주장만 하고, 또 어떤 친구는 대꾸하는 말은 하지 않고 친구를
째려보고, 어떤 친구는 팔짱을 낀 채로 상대를 무시하는 눈빛을 발
사한다. 아이의 행동을 보면 부모가 보인다고 했다. 부모가 싸우면
서 물건을 던지면 자녀도 친구와 싸우다가 물건을 던진다. 내가 경
험하고 본 대로 하기 때문이다.

아이들은 부모가 내 눈앞에서 싸우지 않아도 부모의 냉전을 알아
차리는 촉이 예민하다. 지금 내 부모가 관계가 안 좋다고 느끼는 순
간 아이들의 고민이 시작된다. 아빠와 엄마 중 누구에게 줄을 서야
안전할지 고민한다. 이 고민은 언제 끝나는가? 부모가 화해하고 사
이좋게 지내는 것을 확인했을 때야 아이 마음도 평온해진다. 그때
까지는 계속 눈치 봐야 하니까 정서적으로 불안한 상태다. 좋은 부
모가 되려면 행복한 부부가 되는 것이 먼저다.

내 맘대로 할까?

누구를 보면 마음이 평온해지는데, 또 누구를 보면 화가 난다. 왜 그런가? 화에는 역사가 있다. 갑자기 화나는 것이 아니라는 말이다. 나를 믿어주고 응원해주고 격려해주는 사람에게 화내기는 어렵다.

가족 내 갈등을 보면, 서로 나이가 달라서 세대 차이로 갈등이 생기기도 한다. 개개인의 개성이 달라서 갈등이 생기기도 하고, 어떤 상황 때문에 갈등이 생길 수도 있다. 문제는 '갈등을 어떻게 대면하는가?' 하는 점이다.

상대가 크게 화를 냈다는 것은 이미 그의 내면세계에 이성과 감정의 평온한 상태가 깨진 것이다. 감정이 확 올라가서 이성의 영역이 좁아진 상태다. 이 경우 내가 이성적으로 아무리 옳은 이야기를 한들 상대는 올라간 감정 때문에 잘 안 들린다. 상대가 빨리 원래대로 이성적이 되도록 도와주려면 그가 왜 그렇게 화났는지 들어줘야 한다. 들어주는 것이 존중하는 태도다.

화는 상대가 나의 화를 아는 척해주는 순간부터 작아질 준비를 한다. 만약 상대가 내 화를 모르는 척하면 내 화는 점점 더 커지게 마련이다. 상대방의 화를 들어주는 것이 우선이다. 상대방의 화에 외면하지 말고 "계속 화내니까 신경 쓰인다""계속 눈치 보게 되니까 이제 화 조금 풀어줘""화내니까 무서워" 등 아는 척하는 표현을 하는 것이 시작이다. 눈치 보고 있고, 신경 쓰고 있으면서도 외면하는 것은 서로를 더 힘들게 한다.

"왜 이렇게 화를 내니?"
"조용조용 말해. 시끄러워."
"네가 뭘 잘했다고 화를 내니?"
이런 맞불작전은 좋지 않다.

"많이 화났구나."
"어머 그런 일이 있었구나."
"듣고 보니까 화날만하네."
"너무 큰 소리로 화내니까 깜짝 놀랐어."
"아~ 그렇게 생각했구나. 그렇게 생각하면 화나겠어."
이렇게 아는 척해주고 들어주면 상대방의 화도 조금 작아질 준비가 된다.

아이와 말다툼하고 불편한 마음에 요란스럽게 설거지하는 경우를 생각해보자. 내가 화났다는 걸 알면서도 아이가 계속 외면한다면 화는 점점 더 커질 것이다. '내가 이렇게 화내는데도 모른 척하나?' 싶어서 야속한 마음이 더 커진다.

아이가 엄마의 화를 아는 척한다는 것은 이런 것이다.
"엄마, 아직도 화난 거야? 죄송해요. 화 푸세요. 네?"
"계속 엄마한테 신경 쓰고 눈치 보게 되잖아요."
"엄마 화나게 하려고 그런 건 아니었어요."
"엄마, 화내지 마. 화내니까 무서워요."

이렇게 소리 내서 말하는 것이 시작이다.
어떻게든 표현해줘야 한다.

엄마가 아이에게 넘겨짚어서 화냈다가 뒤늦게 "네가 화낼만하다. 엄마가 넘겨짚어서 미안해"라고 사과하는 때도 종종 있다.
그런데도 아이가 계속 화내고 문을 쾅 닫고 들어간다면 어떻게 해야 할까?

"엄마가 사과했는데도 네가 문을 쾅 닫고 들어가는 걸 보니까 정말 많이 화났구나. 엄마가 마음을 잘 전달하지 못했나 싶어서 신경이 쓰인다."

이렇게 말하면 아이는 자기의 화를 다시 한번 아는 척해주고 달래주려는 마음에 쾅 소리는 일부러 그런 거 아니라고 해명할 수도 있다. 반면에 "엄마가 사과했는데도 문을 쾅 소리 나게 닫고 들어가는 건 무슨 태도니? 버릇없게"라고 말한다면 아이는 그게 무슨 사과한 거냐고 마음속으로 더 큰 화를 낼 수도 있다. 나만 옳은 것이 아니라 상대도 옳을 수 있다는 전제를 가져야 한다. 사과는 상대를 존중하는 마음과 인정하는 마음을 잘 전달하는 것이 중요하다.

화는 자동삭제 기능이 없어요

화가 쌓이면 화병이 된다. 화도 감당할 수 있는 용량이 정해져 있어서 다 차면 저절로 오래된 화부터 순서대로 없어지는 것일까? 그렇지 않다. 아무리 시간이 흘러도 자동으로 사라지지 않는 화가 있다. 그래서 나는 까맣게 잊고 있는데 어느 날 상대가 옛날 화를 꺼내면 무척 당황하게 된다.

초등학교 1학년 아들이 매일 저를 때려요. 어떻게 해야 할까요?

엄마가 초1 아들한테 매일 맞는다는 고민을 들은 적이 있다. 만나 보니 엄마는 아주 가녀린 체구다. 아들이 정말 아프게 때린다고 한다. 아이는 5살 때 엄마가 자기를 때려서 너무 아팠다며 "엄마도 날 그렇게 때렸으니까 이제 엄마도 맞아야 돼" 한단다.

엄마가 사과해도 아이는 멈추지 않는다. 아이가 5살 때의 화를 얘기하는 건 그나마 다행스러운 경우다. 숨겨진 화보다는 드러난 화가 해결하기 쉽다. 이유를 알 수 있어서 좋다. 지나간 얘기를 한다는 것은 이제는 말해도 될 만큼 아이가 힘이 생겼다는 것이다. 자녀가 먼저 속상했던 이야기를 꺼낸다면 오히려 좋은 기회다. 화는 자동삭제 기능이 없어서 누구든 내 안에 쌓여있던 화를 스스로 밖으로 꺼내서 버려야 한다.

아이가 화를 꺼내놓았다면 다음과 같이 말해주자.
"시간이 많이 지났는데도 네가 얘기할 정도로 억울했구나. 미안하다."
"네 얘기를 들어보니 엄마가 부끄럽네. 어린 너한테 정말 심했구나. 늦었지만 사과할게. 엄마가 어른스럽지 못했네."
"네가 이렇게 오랫동안 속상했다는게 엄마 마음이 아프다. 미안해."
이렇게 아이의 화를 인정하고 들어줘서 아이가 묵은 화를 버리도록 도와야 한다.

그런데 앞 사례의 엄마는 아이에게 사과만 해야했다. 그런데 사과하면서 변명도 했다.

"미안해. 엄마가 미안하다고 했잖아. 그러니까 그만해."
"언제 적 얘기로 계속 그러니? 엄마가 너를 왜 때린 건지도 기억해야 하잖아?"

이렇게 되면 꺼냈던 화가 더 커져서 다시 들어간다. 화를 인정하기로 마음먹었다면, 아이가 드디어 얘기를 꺼낸 그 날 그 순간에 화를 지울 수 있도록 집중해주자.

상대가 사과하려고 용기 냈다는 걸 알아주고 기회를 잘 이용하도록 도와야 한다. 사과할 때는 사과만 해야 한다. 변명을 함께 해버리면 앞쪽에 했던 사과는 빛이 약해지고 뒤에 붙인 변명과 부탁의 말이 오히려 공격으로 기억된다. 꺼냈던 화가 오히려 더 커져서 다시 들어가는 것이다.

상대가 어렵게 용기 내서 지난 화를 꺼내서 말했다는 것을 기억하자! 상대가 화났었다고 말하는 것은 '지금 이 말을 해도 될까?' 생각하고 또 생각해서 하는 말이다. 이렇게 얘기를 꺼낸 순간이 바로 그 화를 버릴 수 있는 절호의 기회다. 경청하고 공감해주는 것이 우선이다. "뭐 그런 일을 아직도 말하느냐?"고 핀잔주면 안 된다. 존중이란 그런 것이다.

화난다고 소리 지르고 폭력을 행사하는 것은 나의 몸부림일 뿐이다. 그 상황을 한 발짝 뒤로 물러나서 바라보면 안타까움이 보인다. 화를 내는 나에 대한 안타까움, 화를 고스란히 받는 상대에 대한 안타까움. 그걸 알아차리면 품격을 유지할 수 있다. 화는 무조건 누르지 말고 품격 있게 내야 한다. 어떻게 화를 다스리고 잘 풀 것인지 나만의 방법을 가져야 한다.

▌ 남편과의 부부싸움에 대해 서로 이야기할 때

"그때 내가 소리 질러서 많이 놀랐지? 미안해. 내가 잘못했어. 그런데 당신도 내 성질 알잖아. 그럴 때는 눈치껏 성질 좀 건드리지 말아줘"라고 한다면 화가 쉽게 지워지기 어려울 것이다. 우리는 사과와 변명이 '1+1'이 되지 않도록 주의해야 한다.

화는 누구나 날 수 있다. 그러나 어떻게 화를 내는가는 사람마다 다르다. 그래서 품격 있게 화내기에 관심을 가져야 한다. '나는 화나면 어떻게 해야 화가 풀리는가?' 자신을 관찰하고 바람직한 방법을 만들자.

화날 때는 나를 위해 돈 쓰는 것도 좋다. 누군가는 노래를 부르고 춤추는 것이 화 풀기에 도움이 된다. 운동이나 여행도 하고 수다 시간도 가져보자. 어떤 사람은 세신사의 손길에 위로받고 집으로 돌아오기도 한다. 각자의 방식으로 화 풀기 방법을 찾아야 한다.

해옥샘의 꿀팁!

자존감을 올려주려면?
**미덕의 눈으로 보고 미덕의 입으로 말하고
미덕의 손으로 보듬어주기만 하면 된다.**

세계적인 인성교육 프로그램인 버츄프로젝트에 따르면, 미덕의 언어 속에는 인간의 마음을 움직이는 강력한 힘이 있다. 그것도 무려 300여 개나! 그 힘을 이용하는 것이다. 300여 개의 미덕이 너무 많다고 생각되면, 버츄프로젝트에서 선별한 다음과 같은 미덕만 활용해도 좋다.

> 감사, 결의, 겸손, 관용, 근면, 기뻐함, 기지, 끈기,
> 너그러움, 도움, 명예, 목적의식, 믿음직함, 배려, 봉사,
> 사랑, 사려, 상냥함, 소신, 신뢰, 신용, 열정, 예의, 용기,
> 용서, 우의, 유연성, 이상 품기, 이해, 인내, 인정, 자율,
> 절도, 정돈, 정의로움, 정직, 존중, 중용, 진실함, 창의성,
> 책임감, 청결, 초연, 충직, 친절, 탁월함, 평온함, 한결같음,
> 헌신, 협동, 화합, 확신
>
> [출처: 한국버츄프로젝트]

우리 마음속에는 천사와 악마가 함께 살고 있다. 상대가 나의 천사를 깨우는 말을 건네면 내 마음속 천사가 깨어나 대답한다. 상대가 나의 악마를 깨우는 말을 하면 내 마음속 악마가 깨어나 대답한다. 버츄 (Virtues) 미덕의 단어는 천사를 깨워주는 아름다운 말이다.

때때로 힘든 상황에 직면해도 내가 나를 응원하고 보듬으면서 견디고 응원할 수 있다. '나는 잘할 수 있어. 내 안에 보석들이 있잖아. 어떤 보석을 깨우면 이 어려움을 이겨낼 수 있을까? 나는 결국 해낼 수 있어'라고 생각한다. 천사를 깨우면 천사가 나를 도와준다. 자존감은 행복의 씨앗이다. 자존감이 올라가면 자신감도 올라가고 삶에 긍정적으로 반응한다.

미덕 중에서 지금 이 순간 나에게 빛나고 있는 보석을 발견하고 스스로 소중한 존재임을 인식하는 것이 중요하다. 가족 간에도 서로의 빛나는 미덕을 발견해서 말해주고 인정하는 것이 사랑을 전하는 표현이다. 가족 간 사랑의 표현을 믿고 감동과 감탄을 전하면 저절로 친밀감과 신뢰가 커진다.

"끝까지 스스로 문제를 풀려는 모습이 믿음직하고 대견했다."
"여러 책을 펴서 열심히 답을 찾는 열정이 탁월했어."
"정돈된 노트필기를 보니 얼마나 열심히 했는지 인정되더라."
"일찍 깨워달라고 엄마에게 도움을 청해서 안심됐어."
"엄마가 너를 최고로 존중하고 사랑해줄게."

"너는 엄마의 미덕 천사야!"

"너는 이 우주에서 제일 소중한 한 사람이야."

"너는 태어날 때부터 빛나는 보석이었어."

"엄마 딸로 아들로 태어나줘서 고마워."

"아빠 엄마는 항상 너를 사랑해."

"너는 어떤 어려움도 잘 이겨낼 보석을 가지고 있어."

"긍정의 말로 표현해주니까 마음이 뿌듯하네."

"눈 마주칠 때 웃어주니까 더 용기가 생긴다."

"인내의 미덕으로 힘든 시간을 잘 견디면 좋은 일이 생기더라."

"어쩔 수 없는 경우들이 종종 있더라. 그래도 용기의 보석을 깨워서 다시 도전해보자."

"네 잘못이 아니야. 괜찮아. 미덕을 깨우기만 하면 돼."

"너에게는 탁월함과 끈기의 보석이 빛나고 있어."

"너에게는 52개 미덕이 있어. 너의 보석이 도와줄 거야."

"좋은 방법을 찾을 수 있도록 사려의 미덕을 깨워보렴."

"네가 미덕에 집중하면, 미덕이 아닌 것은 안 보이게 될 거야."

"엄마는 너의 이상 품기 보석을 발견했단다."

"긍정적으로 생각하는 너의 소신을 지켜내면 좋겠다."

"스스로 믿어야 다른 친구도 너를 존중하고 믿어줄 거야."

"네가 존중해야 할 것은 단지 한 사람이 아니라 모든 친구야."

"너는 미덕을 깨워서 잘 활용할 수 있어."

"의심하면 믿음이 깨져. 유연하게 한 번 더 기회를 주면 어때?"

"인정받았을 때의 기분을 떠올려봐."

"친구를 예의 있게 대하는 모습에 감동했다."

"잠깐 눈을 감고 명상하는 시간에 사랑을 확인할 수 있어."

"너의 장점을 먼저 떠올리고 친절하게 대해보렴."

"너는 우정과 의리로 이미 좋은 친구로 지내고 있어."

"똑같이 화내기보다는 인내하고 온화하게 대하는 모습이 좋아."

"네 마음에서 상냥함이 나오지 않을 때는 잠시 멈추고 기다려봐."

"너의 감정을 정직하게 친절하고 부드러운 목소리로 말해봐."

"만약 실수한 거라면 신중하게 사려해봐. 분명히 또 하나를 배우는 기회가 될 거야."

"좋았던 순간을 기억하고 초연하게 받아들이자."

"확신하는데, 지금 일어난 모든 일은 모두 너를 더 성장시키고 배우게 하는 기회란다."

119
112

부모

Part
4

부부가 잘 지내고 싶다면

나에게만
안 웃는 당신

여자는 '나를 웃게 만드는 남자'를 좋아하고, 남자는 '내가 무엇을 하든 웃어주는 여자'를 좋아한다. 연애할 때, 남자는 여자를 웃게 하려고 무지 애썼고, 여자가 안 웃으면 긴장했다. 여자도 남자에게 예쁘게 웃는 모습을 자주 보여서 사랑받으려 했다. 하지만 결혼하면 달라진다.

> 옆집 아이가 놀러 와서 인사를 한다.
> 아내가 웃는다.
> 엘리베이터에서 이웃집 아저씨를 만났다.
> 아내가 웃는다.
> 나와 눈이 마주친다.
> 오늘도 아내는 웃지 않는다.

결혼한 부부는 원래 다 이런가? 남편도 이런 결혼생활은 전혀 예상하지 못했다. 어느 날은 아내가 마치 남편 들으라는 듯 아침부터 아이들을 야단친다. 엄격하고 무서운 여자로 변해간다. 아내의 목소리는 점점 더 커지고 여간해서 잘 웃지 않는다. 잘 지내다가도 남편만 보면 오늘도 집에서 아이들과 힘들었다고 하소연부터 한다.

남편과 아내를 '배우자'라고 하는 이유가 서로를 배워야 하기 때문이라는 말이 있다. 남편은 결혼 전과 후의 변화가 크지 않다. 그대로 사회생활을 하며 아침에 출근해 밤늦게 집에 들어온다. 하지만 아내는 임신과 출산으로 몸매가 완전히 달라진다. 육아에 가사노동까지 하다 보면 속상하고 억울한 생각까지 든다.

필자는 '아버지교실' 강의를 하면서 남편에 대해 배운다. 남편들은 처자식을 언제까지 벌어먹일 수 있을지 불안하고, 생계에 대한 책임감에 어깨가 무겁다. 또한 자상함과 사랑을 표현해야 하는 시대적 요청에 당황하고 있다. 친구 같은 아버지 역할을 어떻게 해야 하는지 그들의 아버지로부터 배우지 못했기 때문이다.

남편은 '이렇게 열심히 사는데 내가 알던 아버지의 권위는 어떻게 만드나?' 생각하며 나름대로 노력해보지만, 돌아오는 반응은 아내의 무표정한 원망의 눈빛뿐이다. 남편도 아내가 안쓰럽고 마음이 불편하다. 잘 지내고 싶지만 어떻게 해야 할지 모른다.

부부는 가족관계의 중심이다. 아내와 남편은 나름의 방식으로 시간을 보낸다. 아내가 아이를 양육하는 데 몰입하느라 남편을 외면하면, 남편은 나름대로 자기 시간을 보내야 한다. 아내는 엄마가 되더니 아내라는 자리를 잠시 내려놓은 듯하다. 남편은 아내의 육아 동참 요구를 잘 받아들이지 못한다. 하기 싫은 것이 아니라 '어떻게 해야 할지'를 모르는 것이다.

그렇게 남편과 아내는 사이가 점점 소홀해진다. 어릴 때는 아빠에게 뛰어와 같이 놀아달라고 칭얼대던 아이도 자라면서 점점 데면데면해진다. 아이가 학생이 되면, 남편은 아이의 공부에 방해되지 않게 조용히 있어야 한다. 이제 아내에게 남편은 완전히 아이 다음 순위로 밀려난다. 아니 어쩌면 드라마 다음 순위일지도 모른다. 집에 가도 가족들은 남편을 반겨주기보다는 각자 자기 일에 바쁜 날들이 많다.

남편도 직장에서 받은 스트레스를 풀 곳이 필요하다. 집에서 가족과 교감하지 못하는 남편은 점차 다른 피난처를 찾는다. 아내에게 외면당한 시간을 보내는 방법을 터득한다. 술, 낚시, 골프, 운동 등 다른 활동을 시작하며 가족과 보내는 시간이 점점 줄어드는 악순환이 시작된다.

아이도 건강하고 행복한 부모의 모습을 원한다. 부부가 웃으면 아이도 덩달아 웃는다. 부부가 행복하면 좋은 부모가 되는 것은 당연하다. 가족관계의 중심인 부부관계가 흔들리면 가정 또한 흔들릴 수밖에 없다. 그래서 부부가 우선이 되는 설계를 해야 한다. 우선으로 남편과 아내로 살고, 엄마와 아빠의 삶은 두 번째가 돼야 한다.

> 아내는 먼저 잠든 남편이 얄미워서 이불을 펄럭여 찬 공기를 넣는다.
> 남편이 덮고 있는 이불을 당겨서 뺏어온다.
> 등을 돌려 누우면서 공간을 만들고 찬 기운을 집어넣는다.

이렇듯 관계가 불편해진 채 잠을 청하면 다음 날 아침도 불편함의 연장선에 있게 된다. 남편과 아내는 말하지 않아도 손길에서 서로를 알아차릴 수 있기 때문이다. 잠자리에선 누군가 먼저 잠들기 마련이다. 잠든 배우자의 볼을 어루만지고, 이불깃을 다시 여며주고, 베개를 바로 정리해주기만 해도 배우자에게 사랑이 전달된다. 그러면 달콤하게 하루를 마무리할 수 있다.

부부간의 표현도 중요하다. 부부가 재미있게 살려면 재미있게 사는 방법을 배워야 한다. 고스톱도 배워야 칠 수 있듯이 말이다. 부부가 어떤 대화를 하면 친해지는지, 어떤 행동을 하면 믿음직한지도 배워야 한다.

친절한 목소리로 말하기가 필요하다. 조용하고 편안한 목소리로 말하자. "당신이 나를 챙겨주니까 정말 기분이 좋아" "당신한테 챙김받으니까 꿀잠을 자게 돼" 라고 감정을 표현하는 것이 매우 중요하다. 긍정적인 표현을 여러 번 하면, 상대방도 반복적으로 들었던 표현을 자연스럽게 할 수 있게 된다.

식사 속도를 맞춰서 식사의 시작과 끝을 함께하는 배려도 중요하다. 본인이 다 먹었더라도 상대가 식사 중이면 끝까지 앞에 앉아서 자리를 지켜줘야 한다. "이 반찬은 당신이 좋아하는 거라서 만들었어" 같은 말 한마디로 감동을 주고 사랑을 확인하면 더욱 좋다. 묵묵히 식사하는 무덤덤한 부부에서 벗어나야 한다. 상대에게 내가 제일 좋아하는 반찬이 무엇인지 반복해서 알려주고, 상대가 좋아하는 음식을 기억해주는 것이 연애 감정을 유지하는 방법이다.

세상에서 제일 변덕스런 친구

아버지교실에서 만나는 대부분 아버지는 초등학교 학부모다. 강의 장소에 가면 어떤 엄마는 남편을 아이 데리고 오듯 손을 끌고 들어온다. 여기에 앉아서 강의를 들으라고 자리를 지정해주고 눈 다짐을 하고 나간다. 또 어떤 엄마는 남편 손을 이끌고 "여보, 이분이 영미 아버지예요. 인사를 나누세요" 한다. 남편을 아이 다루듯 하던 아내가 나가면 계면쩍어하면서 투덜거리는 아버지의 모습은 마치 귀여운 막냇동생 같다.

설사 아내가 신청했더라도 아버지들은 대개 적극적으로 참여한다. 잘 배워서 가족과 잘 지내고 싶다고 말한다. 1회기 아버지 교육도 있지만 여러 회기 아버지 교육인 경우 친밀해지면 개인적인 질문이 더 많아진다.

"선생님, 저는 아내가 예뻐졌으면 좋겠습니다!"

그 말은 다른 아버지들의 눈길을 끌었다.

"아, 저는 화장하고 예쁜 옷 입는 걸 말하는 게 아니라 웃었으면 좋겠다는 겁니다."

아내들이 그런 말을 하는 남편들에게 "그럼 당신이 애 키우고 살림을 해보든가! 누구는 안 웃고 싶은 줄 알아? 나도 예쁜 옷 입고 예쁘고 싶다고! 정말 기가 막히네"라고 말할 것을 안다. 그렇다. 아내는 여간해서는 잘 웃지 않는다. 왜 그럴까? 아내는 육아와 가사노동 때문이라고 말하지만, 남편이 그렇게 육아와 가사에만 몰입하는 아내를 원했는지 아니면 아내 스스로 그렇게 몰입하고 있는 것인지 되돌아볼 필요가 있다.

> 아내A 남편의 카리스마가 멋져서 결혼했는데, 그 카리스마 때문에 지친다.
>
> 아내B 남편이 어떤 결정할 때 꼭 의견을 묻고 존중해주는 것이 좋았다. 그런데 결혼 후에는 주도성이 약한 남편이 무력해 보인다.
>
> 아내C 든든한 남편에게 의지하고 싶은데 이게 뭔가 싶어서 후회된다.

남편이 변한 게 아니다. A, B, C. 그대가 변덕스러운 것이다. 무덤덤하게 사는 부부는 재미도 활력도 없다. 남과 있을 때는 배려도 유머도 반사적으로 가능한데, 부부가 만나면 서로 투덜거리고 지친다. 이런 게 다 변덕이다.

우리는 분명 서로를 사랑하는 마음으로 두 손 꼭 잡고 결혼을 결정했다. 하지만 왜 서로가 변했다고 느끼게 됐을까. 이런 감정이 든다면 잠시 부부의 사랑을 진지하게 생각하는 시간을 가져야 한다. 좋았다가 싫었다가 세상에서 제일 변덕스럽지만, 함께 살면서 웃고 또 잘 삐지는 사이가 부부라는 친구다.

119
112

부
모

친구 같은 부부로 살고 싶은가? 서로 사랑하며 아끼는 부부로 살고 싶은가? 권위를 인정받는 부부로 살고 싶은가? 유치원부터 남녀평등 환경에서 자라온 현재의 부부들은 자유롭고 개방적인 면을 함께 유지하는 사랑을 원한다. 그렇다면 주변에서 좋은 롤모델을 찾아보자.

오로지 자식을 위해 열심히 살아가는 부부는 좋은 롤모델이 아니다. 부부가 '애정애정' 하면서 사랑표현을 하는 것이 좋다. 서로 존중하고 배려하는 부부가 바람직하다. 가까운 지인 중 행복하게 살고 있는 부부를 찾아라. 그 부부의 노하우를 배우는 것이 무엇보다 중요하다.

저, 이혼하려고요

강의 중 대뜸 "저 이혼하려고요"라고 말하는 분이 있어 놀랄 때가 있다. 그분도 참고 참다가 터진 말일 테다. 하지만 찬찬히 이야기를 듣다 보면 속마음은 그게 아닌 경우가 대다수고 진심으로 이혼을 원하는 부부는 거의 없다. 속마음은 '이혼까지 생각할 만큼 정말 너무 힘들어. 이 마음을 당신이 알아줬으면 좋겠고, 우리가 다시 잘 지냈으면 좋겠어'다.

실망이 거듭되다 보니 희망이 없어졌다고 한다. 그럴 것이다. 어찌 됐든 이혼 얘기까지 꺼낼 정도면 부부 모두 여러 가지로 노력을 해봤을 것이다. 노력한 것은 맞다. 그런데 안타깝게도 부부가 엇박자로 노력했다. 표현이 미숙한 채로 노력만 많이 했다. 아내가 마음잡고 노력할 때는 남편이 외면하고, 남편이 모처럼 잘해보려 하면 아내가 외면했다. 안타깝게도 서로의 타이밍과 표현 방법이 조금씩 어긋난 것이다.

남편과 아내 두 사람 모두 나쁜 사람이 아니다. 동의하는가? 그렇다. 그들은 안타깝게도 표현하는 센스가 좀 무딘 경우다. 혼자서 노력한 것이 억울하기만 하다. 자신의 표현방식이 상대에게 얼마나 애매한지를 모르고 있다. 마지막 공격으로 생각나는 것이 바로 이혼이다. 이혼은 정답도 해답도 아니다. 소통만이 해결책이다. 그때는 몰랐다는 말이 딱 맞다. 그때 그 말이 그런 의미인 줄 알았다면 이혼까지 가지 않았을 수 있었다. 이혼해야겠다고 자주 말하는 사람의 심리는 이혼만은 안 하고 싶다는 경우가 많다.

아버지교실에서 한 아버지가 솔직한 심정을 말한다.
"사실 퇴근하면 집에서 좀 쉬고 싶어요. 그런데 아내가 자꾸만 이걸 해 달라 저걸 도와달라고 해서 집에 가기가 두렵습니다. 쉴 수도 없고 도와주지 않으면 화내니까 그것도 싫고… 결혼생활이 이럴 줄은 몰랐어요."

외국의 사례를 봐도 아내들은 맞벌이와 육아로 많이 지친다. 가정 내에서 육아와 가사는 부부가 함께해야 한다. 자녀가 있는 부부에게 육아의 양과 가사의 양은 비슷하기 마련이다. 잘 사는 부부든 관계가 힘들어진 부부든 감당해온 가사와 육아의 양을 보면 거의 유사하다. 가사나 육아를 서로 응원하며 할지 공격하며 할지가 문제다.

육아와 가사로 지쳐있는 아내는 당연히 퇴근하고 돌아온 남편이 손을 거들어주길 바란다. 하지만 남편도 회사 업무로 녹초인 경우가 많다.

"여보, 당신도 힘들 텐데 도와줘서 고마워요."
"당신이 도와주니까 위로가 되네."
"당신도 많이 지쳐 보이는데 너무 애쓰는 것 같아 안쓰럽네."
"자기야, 고마워."
"자기가 도와준 덕분에 빨리 끝낼 수 있었어. 땡큐!"

이렇게 격려와 인정의 소통을 배우고, 표현이 익숙해질 때까지 소통을 훈련해야 한다. 자기의 힘든 점만 말할 것이 아니라 상대방의 노력을 인정해줘야 한다. 잘 사는 부부와 그렇지 않은 부부의 차이는 서로의 노력과 힘듦을 이해하고 인정하는 응원표현을 하느냐 혹은 다 그렇게 사는 거라며 공격표현을 하느냐다. 잘 사는 부부는 서로의 역할과 애씀을 인정하고 응원한다. 서로에게 감사의 마음을 전하는 횟수가 많다.

남편이 표현이 적고 자꾸만 권위적인 표현을 한다면 시아버님을 생각해본다. 아내가 애교가 적고 거칠게 표현한다면 장모님을 생각해본다. 다 부모님의 모습을 답습하는 중일 것이다. 부모님들과는 바뀐 세상을 사는 만큼 지금 부부의 삶도 바뀌어야 한다.

부부도 재미있게 표현하는 방법을 배워야 한다. 연인이던 그 시절의 연장선상에서 표현하며 살아야 한다. 어떤 일을 하는 데 잘못할 때 벌점을 주는 것과 잘했을 때 상점을 주는 두 가지 방식이 있다. 이혼하는 부부에게는 벌점방식의 대화가 많고, 잘 사는 부부에게는 상점방식의 대화가 많다. 나의 대화방식은 어떤 표현이 많은가 생각해 보자.

"맨날 일찍 오면 뭘 해? 도와주는 게 하나도 없는데"보다는
"당신이 일찍 오니까 마음이 든든해. 애들도 좋아하고."

"또 자려고? 당신은 참 좋겠네. 언제든지 자고"보다는
"많이 힘들었어? 자려고 눕는 거 보면 나는 부럽다."

부부관계는 한 사람의 노력만으로는 개선되지 않는다. 부부관계의 끈은 서로가 잡고 있기에 어느 한 사람만 노력한다고 튼실해지지 않는다. 양쪽에서 잘 잡아줘야 팽팽한 것이다. 한 사람이 느슨하게 줄을 잡고 있다면 그 관계의 끈은 힘없이 처져버린다. 아무리 육아와 가사가 힘들더라도 부부가 우선이어야 한다. 부부로서 관계의 끈이 튼실해지면 퇴근 후 피곤한 남편도 선선히 육아와 가사에 동참하고, 아내도 남편을 존중하고 응원하게 된다.

남편이 집에 들어서면서 "여보, 보고 싶었어. 오늘도 잘 지냈어? 힘들

었지?"라고 말하며 아내를 바라본다. 아내도 "당신도 고생했어요. 오늘도 회사에서 애썼겠네. 운전하고 오느라고 힘들었지?"라며 남편을 맞이한다. 이런 날은 육아든 가사든 서로 척척 도울 준비가 되고 웃게 된다. 그래서 부부도 무슨 말을 어떻게 해야 할지 훈련이 필요하다. 첫마디 말이 친절한 목소리라면 그날은 여러 가지로 좋은 마무리가 가능하다.

> 친목을 도모하기 위해 한 달에 한 번씩 만나는 여러 모임이 있다. 육아 맘들의 모임, 여고 동창 모임, 취미 동호회, 학교 엄마들 모임 등. 그런데 부부 친목 도모의 날은 정해져 있지 않다.

결혼 후 남편과 아내가 둘만의 시간을 얼마나 가질 수 있을까? 자녀가 생활에 중심이 되면, 결혼의 주체인 부부만의 시간은 절대적으로 작아진다. 두 사람 사이에 관계가 돈독하려면 둘만의 시간이 필요하다. 가정의 주체는 부부다. 부부 둘만의 데이트가 필요하다.

부부도 한 달에 한두 번은 둘만의 시간을 가져야 한다. '부부동반' 모임 말고, '아내와 남편 단둘이' 오붓하게 진행하는 모임 말이다. 화목한 부부가 되려면 작은 관심을 자주 표현하고, 함께 식사하는 시간을 늘려야 한다. 짧게는 한두 시간이라도 둘만의 시간을 가져 보자. 집이어도 좋지만 집 앞 호프집이든 허브찜질팩을 어깨에 얹어 주는 카페든 영화관이든 말이다. 부부 둘만의 시간에는 신혼 사진이나 연애 시절 사진 몇 장을 소재로 이야기해도 참 좋다.

부부의 시간도 다른 모임의 날짜를 정할 때처럼 일단 고정된 날짜를 만들자. 부부 둘만의 데이트도 동창이나 친구와 약속을 정하듯이 만남 장소와 시간을 의논해서 날짜를 정한다. '이월회', 즉 '둘째 주 월요일 회식'처럼 구체적으로 정한다. 미리 시간을 정한다는 것은 존중의 표시다. 부부의 날을 정하면 꼭 지키는 것이 필요하다.

갑자기 남편이 내일 여행을 떠나자고 해도 좋겠지만 미리미리 "당신하고 여행 가고 싶은데 언제가 좋겠어?"라고 몇 주 전에 물어보는 것이 더 존중한다는 마음이 든다.
갑자기 남편이 외식하자고 해도 반갑지만 몇 주 전에 "당신하고 언제 외식할 수 있을까?"라고 물어보면 훨씬 좋다.

> 부부가 둘이서만 드라이브를 할 때, 막상 서로 나눌 이야기가 없더라는 말을 듣곤 한다.

데이트하는 사람들은 "저 꽃, 정말 예쁘다"라고 말하고, "아니야. 당신이 더 예뻐"라며 유치한 말을 하고, "오늘 하늘이 맑고 높다. 정말 멋지네"라고 말하고, "당신 눈이 더 맑지" 라며 닭살 멘트를 주고받는다. "장난치지 마. 그만해" 하면서도 웃는다. 드라마 속에 나왔던 대사를 한번 던져보고 그런 말도 할 줄 아느냐고 핀잔도 주며 유치해질 때

데이트의 설렘은 데이트하기 전이 더 크다. 갑작스러운 데이트는 아내에게 '화장도 제대로 못 했는데''이 옷을 입을걸' 같은 아쉬운 마음이 들게 한다. 정기적인 둘만의 모임 날을 미리 정하면 설렘을 즐길 시간이 더 길어지고 아쉬움을 남기지 않는다. 물론 자투리 시간을 잘 활용하는 짧은 데이트도 좋다. 데이트는 남편에게 화장하고 섹시한 모습을 어필할 기회다. 부부가 행복하고 건강하게 살기 위해서는 연애세포를 깨울 수 있는 둘만의 데이트 시간이 필요하다.

아직 둘만의 시간이 어색하다면 부부동반 모임부터 시작해도 좋다. 같은 아파트 주민 부부도 좋고, 아이 친구의 부부도 좋다. 두 부부가 만나면 서로 이야기를 주고받는 가운데 자연스럽게 휴식의 효과를 얻을 수 있다. 남편에게 호응받지 못하더라도 상대 부부가 호응해주기 때문이다. 부부간에도 타인과 이야기하듯이 인정하고 존중을 표현하는 대화가 필요하다.

누가 먼저 변한 거야

연애 때와는 다르게 변해버린 상대방이 견디기 힘들다는 하소연이 참 많다. "대체 어떤 점이 그렇게 못마땅하냐"고 했더니 "도대체 사람이 변하질 않는다"고 한다.

"제 몸만 딱 챙기고, 도대체 집안일을 도와주지 않는다."
"회사 갔다 오면 피곤하다고 제발 건드리지 말고 놔두라고만 한다."
"자기가 할 일을 잘하면 그냥 넘어갈 수도 있는데, 애도 아니고 집에 오면 도무지 씻지를 않는다. 씻으라고 말하는 것도 이제는 지겹고 같은 침대에서 자고 싶지도 않다."
"아이들과 놀아주거나 아이 돌보기를 도와달라고 해도 못 들은 척한다. 집에 너무 늦게 오고, 주말에도 모임을 핑계로 자꾸 나간다."
"부모님에 대해 함부로 말하는 것이 한두 번이 아니다."
"사람이 아무리 말을 해도 변하지를 않는다."

남편들이 처음부터 이랬을까? 아니면 최근에 그렇게 바뀌었는가? 누가 먼저 언제부터 태도가 바뀌었는지도 중요하다. 육아와 가사로 지친다고 아내가 먼저 남편에게 불평하고 동참요구를 계속하다 보니, 아내의 짜증에 지쳐서 피하고 싶고 어느 순간부터 아내에게 격려나 위로의 말을 안 하기 시작한 것은 아닌지 생각해봐야 한다. 처음에는 남편도 아내를 위로하고 격려했을 것이다. 하지만 반복되는 아내의 짜증에 대처하는 방법을 잘 모르는 경우가 대부분이다. 그들의 아버지가 그랬듯이 말이다.

신혼에는 둘의 감정만 신경 쓰면 된다. 가끔 다투더라도 금방 풀린다. 아이가 생기면서 아내는 산후우울증과 육아, 늘어난 가사 부담으로 스트레스가 커진다. 남편 역시 처자식을 부양해야 한다는 책임감이 더욱 무거워진다. 두 사람 모두 신혼 때보다 스트레스를 더 많이 받는다. 그래서 부부를 더 예민하고 신경질적으로 만든다. '상대방이 결혼하더니 변했다'고 주장하며 팽팽히 맞서고, 자신의 힘든 상황만을 주장하면서 좋았던 부부관계가 흔들린다.

두 사람의 잘못이 아니다. 결혼생활은 변화하는 것이 당연하다. 자녀가 생기면 또 변화해야 한다. 어느 것 하나도 당연히 해야 하는 것은 없다. 눈치껏 알아서 해야 한다는 것은 참 어렵다. 변화하는 것도 자연스럽게 둘이 의논해서 변해가는 것이 좋다. 일방적인 것은 위험하다. 서로 일정을 공유하고 원하는 것을 표현해야 한다.

친구들 모임이 있는데, 불안해서 남편에게 아이를 몇 시간 맡기고 외출한
다는 걸 생각조차 할 수 없어요.

이것은 남편의 문제가 아니라 아내 자신의 문제다. 남편도 아이를
잘 다루기 위해서는 시간과 노력의 과정이 필요하다. 토요일 오후든
일요일 오후든 남편을 믿고 과감하게 아이를 맡기고 자신의 시간을
가져야 한다. 툭 털고 나가서 휴식의 시간을 가지는 용기가 필요하
다. 모임에도 못 가고 함께 있으면서 "이렇게 해라, 그렇게 하면 안
된다" 명령·지시하면서 가르치려 하지 말고 해야 할 일에 대한 메모
를 남겨라.

"오늘 아기 돌보느라고 정말 힘들었지?"
아이를 맡기고 돌아와 남편에게 애썼다고 다독이고 감사를 표한다.
남편에게 육아시간을 가지게 하면 아내의 수고가 자연스레 눈에 들
어오고 공감대가 생겨서 더 발전적인 대화가 가능하다.
"자기야, 퇴근하고 들어오면 단 1분 만이라도 나를 안아주고 수고했다고
위로해주면 좋겠어."
이렇게 원하는 바를 구체적으로 표현하면 남편도 다음과 같이 말할
수 있다.
"아이랑 놀아주고 나서 나도 쉬는 시간을 30분 정도 갖고 싶어."
서로의 힘듦을 인정하게 되면 일종의 '동지애'가 생긴다. 동지애는
서로를 인정하는 감사 표현의 힘이다.

"부부가 맞벌이할 때는 몰랐는데, 제가 회사를 그만두고 육아를 하면 남편이 알아서 신경을 좀 써야 하는 거 아닌가요? 어떻게 주말마다 휴일마다 친구들과 약속 잡고 혼자만 빠져 나가버리는지 정말 실망스러워요."

남편은 말하지 않으면 모른다. "진수 씨, 일요일에 나랑 같이 시간을 보내면 위로가 돼서 좋겠어요"라고 먼저 제안하고, 그 시간에 어떤 활동(장 보기, 놀이동산 가기, 영화 보기, 부모님 댁 가기)을 할지 구체적으로 알려줘야 한다. 아내가 정한 시간표대로 따라줄 수도 있겠으나 반드시 꼭 그 방법만 있는 것은 아니다. 남편도 일요일 일정이 있다고 하면 함께 시간을 계획한다. 꼭 내가 정한 날짜와 시간을 고집하지 말고 서로 조율하는 것이 중요하다.

스스로 가족을 붙잡고 가족에게 붙잡혔다고 말하지 마라. 자녀가 학생이 되면 부부도 각자의 주말 약속을 가질 수 있다. 아내도 친구를 만나고 쉬는 것이 가능하다. "나도 둘째 주 토요일에는 친구 만나서 점심 먹고 힐링하고 올게요"라고 남편에게 말해도 된다.

아내는 엄마가 되면 아이에게 올인한다. 모성애를 딱히 뭐라고 할 수는 없지만 부부의 삶이 있어야 한다. 남편도 아내와의 시간이 필요하다. 아내가 아이만 바라보느라 남편을 봐주지 않으면, 남편은 자연스레 혼자 시간 보내는 프로그램을 가지게 된다.

상황이 달라졌으니 "이렇게 당신이 도와달라"고 요청하는 것이 필요하다. 눈치는 여자 남자 가리지 않는다. 여자도 눈치 없는 사람 많고, 남자도 눈치 빠른 사람 많다. 문제는 서로 어울려 살다 보니 누군가는 답답해 속이 터진다는 것이다. 그래서 상대방의 눈치를 기대하기보다 '기분 나쁘지 않게 제대로 요구하기'를 잘 해야 살아가기가 수월하다.

"친구들과 점심을 먹으러 갈 때, 6,000원에 플라스틱 그릇이 나오는 집과 7,000원에 도자기 그릇으로 주는 집 중 어디를 선택하나요?"

"여러분 집에서 사용하는 밥그릇은 언제 산 건가요? 설마 결혼할 때 사온 그 밥그릇 지금도 쓰고 계시나요? 신혼살림으로 준비한 비싸고 좋은 거라 바꾸기가 쉽지 않죠?"

"수저받침을 사용하고 있나요?"

"계절마다 밥그릇을 바꿔서 사용하나요?"

"머그잔과 커피잔 중 어떤 걸 선호하나요?"

집에 귀한 손님이 오면 제일 좋은 그릇으로 대접한다. 어느 그릇으로 대접하는가에 따라 상대가 나를 존중하는 정도를 느낀다.

부부의 밥상은 부부의 관계를 많이 좌우한다. 함께 기분 좋은 식사를 자주 하면 정이 쌓인다. 집에서 식사할 때 한 끼 때우는 것처럼 느껴진다면, 부부가 딱 그 정도 관계로 산다. 변화는 대화를 시작하게 한다. 남편 것만 밥그릇과 국그릇을 바꾸고, 수저받침까지 챙겨서 밥상을 차리면 남편이 금방 알아차리고 궁금해서 물어볼 것이다. "어, 밥그릇이 바뀌었네. 왜 나만 밥그릇이 바뀐 거야?" 그 변화조차도 못 알아차린다면 남편은 지금 무척 지친 삶을 살고 있는 것이다.

부부관계가 좀 시들해진 것 같다면 계절에 맞게 남편 밥그릇만 바꿔보자. 딱 한 사람 남편 것만 바꿔주는 것이 포인트!

결국 수강자 남편은 며칠 후 "식구가 몇 명이나 된다고 그래. 괜찮으니 그냥 가족 모두 새 그릇으로 바꾸자"라고 했다. 단지 밥그릇을 바꾸는 것이 목적이 아니라 부부에게 새로운 대화꺼리를 제공하는 것이다.

밥그릇을 선택한 이유는 부부가 돈 얘기, 시댁·처가 얘기, 자식 얘기로 늘 다투기 마련인데, 마트에서 산 저렴한 밥그릇 얘기라면 그런 다툼 없이 지나갈 수 있어서다.

마음은 잘 보이지 않는다. 마음을 잘 보이게 하는 기지(센스)가 필요하다.

수강자 실천 사례 21.
남편 밥그릇만 바꾸기

"당신 밥그릇 내가 신경 써서 골랐는데 맘에 들어요?"

상대가 나의 변화를 느끼게 해주는 것이 필요하다.

"어제 강의에서 들었는데, 한 여자랑 그것도 매일 똑같은 여자랑

사는 남편에게 밥그릇이라도 새 걸로 바꿔줘야 한대서, 쪼금 공감

되고 남편을 위한 배려차원으로 바꿨는데 어때요?"

"왜 내 것만 바뀐 거야?"

남편이 물어보면 꼭 웃으면서 장난스럽게 말해주자.

"당신 것만 바꾼 거는, 강사가 돈 벌어오는 분과 돈 쓰는 사람은

달라야 한다고 했어요. 그래서 당신 것만 바꾼 거예요."

수강자 남편이 '그 강사 웃기네. 요즘 무슨 강의 듣는데?' 하면서

대화가 열렸고 실없이 슬쩍 웃음이 지나갔다고 했다. 이렇게 말하

는 것조차도 어색하다면 "어제 강의숙제예요. 내가 모범생이잖

아"라고 툭 말한다. 왜냐하면 웃자고 던진 말에 죽자고 덤비는 그

런 심각한 경우를 만들면 안 되니까.

눈먼 사랑,
눈뜨는 결혼생활

프랑스 작가 앙드레 모루아는 "결혼의 성공은 좋은 배우자를 찾는데 있는 것이 아니라 좋은 배우자가 되는 데 있다"고 했다. 상대에게 더 좋은 배우자가 되라고 요구하기 전에 내가 상대에게 좋은 배우자인가를 생각해보는 것이 우선돼야 한다.

남편들도 결혼 전에 본 수많은 영화와 드라마로 결혼에 대한 로망이 있다. 영화나 드라마 속 아내들은 잘 때도 화장을 지우지 않는다. 잠자리에서는 잠옷을 입고 있다. 매일 입고 있는 옷들이 바뀐다. 물론 드라마는 드라마일 뿐 현실이 아니라는 것을 알고 있다. 그래도 현실이 이럴 줄은 몰랐다 한다.

아내는 아침 일찍 바쁜 일상이 시작된다. 세수도 하지는 않은 채 부엌을 향한다. 냉장고와 밥솥을 확인하고 아침 식사를 준비한다. 아이들 방으로 향한다. "빨리 일어나!" "얼른 정신 차리고 씻어!" "씻었어? 이리 와서 밥 먹어" "엄마가 골고루 먹으라고 했잖아" "학교 가! 늦겠다. 빨리 가" "그러니까 깨울 때 빨리 일어나라고 했잖아, 뛰어가!" "얘, 동생도 데리고 가."

관찰카메라로 아내를 찍는다고 가정해보자. 아이들을 챙기는 아내의 목소리가 평온할 리가 없다. 세수도 안 했고 잠자리에서 일어난 채 머리도 손질할 겨를이 없어 머리는 뻗쳤다. 잠옷을 입고 잔 적이 언제인지 옷은 며칠째 그 옷을 입고 있다. 매일 아침 출근 전에 남편이 보는 아내 모습이다. 저녁에 퇴근해서 집에 돌아오면 아내의 모습은 예뻐져 있을까? 당연히 아침과 비슷하다. 이렇게 매일 반복된다. 달라지는 점이 있다면 아내의 목소리가 갈수록 사나워지고 커진다는 것이다.

남편은 일 년에 몇 번쯤 아내의 예쁜 모습을 볼 수 있을까? 남편은 아침마다 깔끔하고 멋지게 차려입은 모습으로 출근한다. 즉, 아내는 적어도 하루에 한 번은 남편의 좋은 모습을 볼 수 있다. 남편은 물론 세상 그 누구도 아내에게 예쁘게 꾸미면 안 된다고 강요하지 않는다. 스스로가 그렇게 선택을 했을 뿐이다.

이렇게 말하면 아내들은 대개 '누가 그걸 모르나요? 결혼생활을 해 보니 돈이 모자라서 나한테 못 쓰는 거죠'라고 말한다. 물론 그럴 것이다. 그런데 나 자신을 우선순위에서 나중으로 미루는 것이 헌신적인 아내상이 아니다. 집 장만부터 하고 나서 예뻐진다는 것이 말이 되는가? 아내가 예뻐지는 걸 싫어하는 남자는 아무도 없다. 나는 오늘도 우선순위 '1'이고, 내일도 우선순위 '1'이어야 한다. 육아에 집중한다고 나를 가꾸는 일에 소홀히 하는 것은 결혼에 대한 남편의 로망을 깨트리는 거다.

물론 남편도 아내가 힘들다는 것을 알고 있다. 그래서 아무 말도 할 수 없다. 내가 꿈꿨던 결혼생활은 이런 건 아니었는데 말이다. 결혼 후에도 사랑을 가꾸고 유지하려면, 연애 시절처럼 상대를 배려하고 자신을 아껴야 한다. 친절과 배려를 멈추는 순간부터 부부간 신뢰는 작아지기 시작한다.

▌ 아버지교실에서 만난 남편 A는 아내를 '향기가 사라진 여인'이라고 했다.

좋은 향을 맡으면 기분이 좋아진다. 남편들도 향수에 대한 로망이 있다. 결혼 후 향수를 산 적이 있나? 마지막으로 향수를 뿌린 게 언제인지 기억나지 않는다면 자신을 되돌아볼 필요가 있다. 그렇다고 거창한 일을 하라는 것은 아니다. 가령 향수 하나만으로도 충분히 남편에게 어필할 수 있다. 아내가 향수를 뿌리면 남편 기분이 어떻게 바뀔까? 함께 외출하면서 향수를 중간 정도의 향으로 살짝 목 뒤에 뿌려준다면 기분전환에 도움이 될 것이다.

아내의 입장에선 향수 한번 뿌리기가 쉽지 않다. 찌개를 끓이면 순식간에 집안 곳곳이 찌개 냄새로 가득 차버린다. 찌개 냄새와 섞인 향수가 무슨 매력이 있겠는가. 하지만 그렇기에 더더욱 특별한 날이 필요하다. 우리의 삶은 360일의 평범한 일상과 5일의 특별한 날로 이뤄져 있다는 말이 있다.

향수 선물을 받으면 좋은가? 상품권을 더 원하는가? 너무도 현실에 빨리 안착해버리면 설렘이 사라진다. 향은 머리를 상쾌하게 하고, 몸과 마음을 릴렉스하는 효과가 있다. 후각 신경을 담당하는 뇌의 변연계에 향이 전달되면서 우리들의 옛 기억, 감정, 호르몬 등에 영향을 준다.

내가 좋아하는 향수를 정해두고 가족에게 알려주는 것이 좋다. 아이들이 엄마 선물을 고를 때 '우리 엄마는 이 향기를 좋아해' 또는 남편이 출장길에 '아내는 오드뚜왈렛 좋아하는데, 플로럴향을 선호합니다' 하면서 사 올 수 있고, 향수병 모양으로도 가족이 기억한다.

내 공간이
'있다 vs 없다'

우리 집에 남편을 위한 공간이 있는가, 부부를 위한 공간이 있는가는 매우 중요하다. 신혼 때 그렇게 소중하게 꾸미고 가꾸던 부부의 공간이 아이가 생기는 순간 너무 쉽게 허물어진다. 어린아이를 안방에서 데리고 잔다. 이런저런 이유로 남편이 거실로 나가는 경우가 많다. 부부가 각각 다른 공간에서 밤을 보내는 것은 확실히 부부관계에 좋지 않다.

원만한 성생활은 부부관계에 중요한 요소인데, 제대로 충족되지 못하면 부부 사이가 소홀해진다. 그런데 많은 남편이 잘못 알고 있는 정보가 있다. '아내와 뜨거운 하룻밤을 보내면 아내 마음을 풀 수 있다'는 속설이다. 그래서 의무적으로 잠자리를 가지려는 남편도 있다. 특히 육아 때문에 지친 아내에게 남편이 술 냄새와 함께 요구하는 잠자리는 최악이다. 그래서 아내는 생리 중이라고 거짓말을 한다.

'아내와 뜨거운 하룻밤을 보내면 아내마음을 풀 수 있다'는 것은 속설이다. 여기서 원만한 성생활, 즉 부부의 사랑 나누기가 중요한 이유를 알아볼 필요가 있다. 그것은 부부가 가장 긴 시간, 가장 넓은 면적의 스킨십을 나누는 시간이다. 즉 배려의 손짓과 숨결이 사랑으로 전달되기 때문에 마음이 풀린다. 굳이 '잠자리'가 아니어도 부부의 사랑이 담긴 스킨십만으로도 큰 효과가 있는 것이다.

> "집에 오면 TV만 보는 남편 때문에 고민이에요. 남편이 TV를 보는 것이 아이들 공부에 방해돼요. 아이도 공부는 뒷전이고 아빠 옆에 붙어 TV만 보려고 해요. TV를 없애고 싶지만 그랬다가는 남편이 난리일 거예요. 도리어 남편은 아이들 공부 좀 그만 시키라고 해요."

이럴 때는 TV를 안방으로 옮기고, 안방을 온전히 남편에게 최적화시켜주면 아이는 자연스레 TV를 덜 본다. 남편이 좋아하는 케이블 TV 시청료를 아이들의 학습지 한 권 값이라고 생각하고, 안방에서 충분히 휴식할 수 있도록 배려하면 그야말로 일석이조다. 리모컨을 손에 쥐고 잠드는 아빠들의 모습이 대한민국 남편들의 현주소다. 일인용 소파도 넣어주자. 편히 앉아서 TV 보다가, 졸다가, 침대로 옮겨서 잠들 수 있게 말이다. 노트북도 안방에서 할 수 있도록 해주자.

안방이 좁아서 안 된다면 공간을 효율적으로 사용하면 된다. 변화는 상대를 위한 작은 배려에서 시작된다. 아래 그림은 33평 아파트의 실제 안방 사례다. 부엌식탁에서 안방 침대가 바로 보이는 것을 막기 위해 작은 서랍장으로 가렸고, 재밌는 TV 프로그램을 할 때는 가족이 다닥다닥 모여서 자연스럽게 스킨십이 생긴다. 여름에는 안방만 에어컨을 켜면 된다.

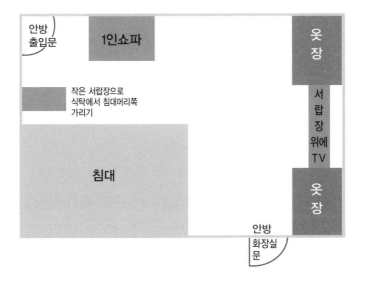

회사에서 돌아와 편히 설 공간도 없이 소파에 누워있는 아빠 모습은 아이가 보기에도 좋지 않다. 마음만 먹으면 각자의 집에서 남편을 위한 공간을 만들 수 있다. 또 아이 때문에 뒷전으로 밀려난 남편의 섭섭함을 한 방에 해소한다. 집 안에 '나만의 공간'이 있으니 자연스레 밖으로 도는 시간도 줄어들어 가족과 보내는 시간이 오히려 늘어나는 효과가 있다.

아내가 남편을 배려하고, 남편도 아내에게 고마워하고 인정하는 모습을 보여주면, 아이는 이를 지켜보며 '배려와 인정'을 배운다. 또한, 부부가 서로를 존중하고 아끼는 모습을 보여줘야 자녀도 결혼을 긍정적으로 받아들인다.

수강자 실천 사례 22.
아빠 자리 만들기

식탁에서 아빠 자리를 정하고 "거긴 사랑하는 아빠 자리야"라고 한두 번 말하면 낮에도 아빠 자리를 비워둔다. "거기는 사랑하는 아빠 자린데, 특별히 지금은 앉게 해줄게"라고 말하면 엄마가 아빠를 늘 생각해주고 있다는 것을 아이들도 배우게 된다. "그거 예쁜 엄마 주려고 아빠가 가져온 거야" 하면 아이는 엄마에게 허락을 받아야 한다. 부부는 서로서로 위해줘야 한다. 그래야 자녀가 부부를 존중한다. 그리고 아이들도 자연스럽게 '사랑하는 아빠, 예쁜 엄마'라고 말하게 된다.

사랑받는 중인가요

언제 사랑받는다고 느끼는가? 상대가 관심을 표현할 때, 상대가 인정해줄 때, 상대가 공감해줄 때, 나를 배려하고 존중하며 좋아한다고 표현할 때다. 일과가 바빠도 서로 틈틈이 연락을 주고받으며 사랑표현을 해야 한다.

"오늘 날씨가 정말 덥지? 뭐하고 있어?"
"하늘 좀 봐봐. 구름이 정말 멋지지"
"감기 기운 있던 거 좀 나아지고 있어?"
"영화 보고 싶다고 했었지? 언제 볼까?"

이처럼 상대의 안부나 마음을 챙기는 가벼운 문자면 충분하다.

연애할 때 사랑받는다고 느끼는 것은 내 머리를 만져주는 것, 다리 아프다고 하면 업어주는 것, 길거리에서 머리핀이나 목걸이를 사더라도 직접 걸어주는 것, 맛이 없더라도 평생 네가 해주는 밥 먹고 싶다고 했던 것, 고깃집에서 잘 구워진 고기를 먼저 먹으라며 집어주던 것 등 대개 사소한 것들이다. 결혼 후에도 달라지는 건 없다. 가벼운 문자 메시지 한 통, 목소리가 듣고 싶어서 했다는 전화 한 통, 아내가 차려놓은 따뜻한 저녁 밥상, 남편이 퇴근길에 사 온 군고구마 정도면 사랑받는다고 느낀다.

남편이든 아내든 각자의 위치에서 가족을 위해 최선을 다한다. 일하다 보면 그것이 집안 살림이든 사회생활이든 다양한 스트레스를 받기 마련이다. 그러면 다른 사람은 몰라도 내 아내, 내 남편은 이 마음을 꼭 알아줬으면 하는 생각이 든다. 그럴 땐 "수고했어요"라는 한 마디면 된다. 다정한 눈빛과 "애썼어""고생했어""많이 힘들었지?""이제 당신도 좀 쉬어""나중에 해. 당신 피곤해 보여"라는 말로도 따뜻하게 사랑받는다고 느끼기 충분하다. 말하기 쑥스럽다면 문자를 하는것도 좋다.

가족이 나를 어떻게 대하는지가 가족 내에서의 존재감이다. 내가 소중한 사람으로 여겨지면 살맛이 난다. 지금 여러분의 부부는 서로에게 어떤 존재감인가? 너무 미안해서 말을 못 하고, 너무 염치가 없어 말을 못 한다. 엄청 사랑하는데 고생만 시키는 것 같아 가슴이 저려도 표현을 못 한다. 그러다 보니 서로의 존재감에 바람구멍이 생긴다. 표현도 습관이다. 부부가 서로 많이 할수록 좋은 말이 "미안해" "고마워" "사랑해"다. 돌봄과 존중은 배우자에게 '존재감'은 물론 용기와 희망을 준다. "엄마는 내 여자다. 아빠가 사랑하는 엄마 속상하게 하지 마라" 이런 남편의 한마디가 아내를 미소 짓게 한다.

결혼 전에 남편이 했던 명대사
"당신은 나를 살맛 나게 만들었어."
"아침에 눈 떴을 때 당신이 옆에 있으면 평생 행복할 것 같아."
"당신은 내게 더 좋은 남자가 되고 싶게 만들어."

그렇다면 남편이 기억하는 아내의 명대사는 무엇일까?
"여보, 당신이니까 나를 감당하지 누가 감당하겠어요?"
"세상에서 당신이 제일 멋져요."
"당신이 맛있게 밥을 먹으면 나까지 행복해져요."

자녀와의 명대사도 찾자.
"엄마가 내 엄마라서 정말 다행이에요."
"엄마가 아프면 나도 가슴이 너무 아파요."
"또 병나려고 그래요? 일 그만해요."
"엄마 혼자 잘 수 있겠어요?"
"엄마한테 사랑받고 싶어요."

수강자 실천 사례 23.
우리 가족 명대사 찾기

우리 가족만의 명대사 찾기도 서로의 사랑을 확인할 수 있는 좋은 활동이다. 멋진 작품으로 기억되는 드라마에는 인상적인 명대사가 꼭 있다. 〈도깨비〉를 생각하면 "너와 함께한 모든 시간이 눈부셨다. 날이 좋아서. 날이 좋지 않아서. 날이 적당해서. 모든 날이 좋았다"라는 대사가 바로 떠오르는 것처럼 멋진 말 한마디는 우리 가슴속에 아로새겨진다.

마찬가지로 우리 가족의 명대사와 명장면을 찾자. 우리 가족에게 들었던 것 중에 가장 기분 좋았던 말을 써보자. 기억을 돕기 위해 앨범을 펼쳐보는 것도 좋다. 기분 좋은 말에 집중하자. 최근에 한 말이 아니어도 좋다.

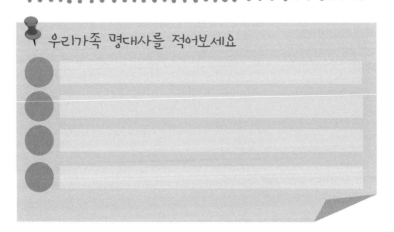

우리가족 명대사를 적어보세요

우리 가족 명대사를 적어서 눈에 잘 띄는 곳에 붙여두자. 가족관계가 더욱 돈독해질 수 있다. 명대사 속에는 우리 가족만의 특별한 추억이 녹아있기 때문이다.

■ 내가 누군가를 만지거나, 누가 나를 만져줄 때 살아있음을 확인한다.

조용히 남편이 내 손은 잡아주고 손등을 문질러주면 큰 위로를 받는다. 아이들이 내 품에 안기고 나를 만질 때가 좋았다. 엄마가 내 등을 쓸어줘서 좋았다. 만진다는 것은 중요한 것이다. 부모님도 나이 들수록 마음도 외롭고 몸도 외롭다. 자식들은 다 커서 더 이상 스킨십이 없고 그냥 방으로 들어가버리니까 말이다. '손다리미'로 부모님에게도 사랑의 마음을 전해보면 좋다.

스킨십을 대표하는 '손다리미'

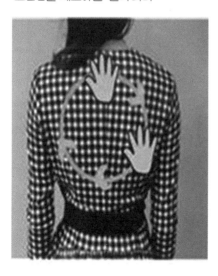

손다리미는 어린 시절 엄마의 스킨십을 기억나게 하는 편안하고 따뜻한 스킨십 방법이다. 손바닥을 펴서 천천히 상대를 문지르면 된다. 빨래를 하고 난 후 다리미질하면 구김이 쫙 펴지듯이 상대의 몸을 '손다라미' 해주면 인상이 펴지고 마음이 펴진다.

일요일이라고 늦잠을 자겠다는 남편은 잠시 놔두고, 아이 둘을 먼저 챙겨요. 마지막으로 남편을 깨워 시댁에 가도 10시가 훌쩍 넘어요. 시댁에 들어서면 어머님 표정과 목소리가 '이제야 오니?' 하는 순간, 정말 피하고 싶고 불편해요.

부모님들이 늙으면 고집스럽거나 화를 잘 낸다고 느낄 때가 있다. 남편은 "우리 엄마가 예전에는 안 그랬는데…"라고 말한다. 엄마가 왜 그럴까? 결혼하고 한 해 한 해 시간이 흘러갈수록 부부가 서로를 만지지 않는다. 부모님 두 분만 살거나, 혼자 살게 돼서 무척 외로움을 느낀다. 마음도 외롭고 몸도 외로운 것이다.

"남편에게 숙제를 내주세요. 꼭 해야 하니까 숙제라고 말하는 거예요. 일단 시댁에 들어서면 남편은 어머님께 다가가 손다리미를 실시하면서 인사와 안부를 전하게 하세요."

남편들은 본가에 도착하면 "엄마(어머니), 저 왔어요"라고 말로만 인사하지 말고, 엄마의 등을 어루만지면서 인사하는 시도가 필요하다. "어디 불편하신 곳은 없어요?""식사는 하셨어요?""엄마가 건강해야 해요"라고 말하면서 엄마를 어루만지면 마음의 외로움과 몸의 외로움이 녹아내릴 것이다. 손주들도 할아버지 할머니를 만나면 안아드리면서 인사하도록 하자.

수강자 실천 사례 24.
부모님께 손다리미

저는 친정어머니는 돌아가시고 친정아버지만 계세요. 반찬을 챙겨 가서 아버지 등에 손다리미를 했더니, 아버지가 엄청 좋아하시더라 고요. 제가 손을 슬쩍 잡았는데 아버지가 오히려 꽉 잡으셔서 당황 했어요. 많이 좋아하셔서 올 때는 안아드리고 왔는데 제 마음도 훈 훈하고 짠하고 그랬어요."

"선생님, 가르쳐준 대로 어머님께 손다리미를 하니까 정말 많이 달 랐어요. 어머님 목소리가 금방 나긋나긋해지고 표정도 편안해졌어 요. 완전 효과 있어요."

"병원에 입원하면 뭐가 제일 불편한지 알아?"

부모님이 병원에 입원하면 자녀는 당연히 퇴근길에 병원으로 향한 다. "몸은 좀 어떠세요?" "의사 선생님 말씀대로 잘 치료받으셔야 해 요" "잘 드셔야 빨리 회복되니까 입맛 없어도 꼭 드시고, 건강 잘 챙기 세요" 자식으로서 부모님께 여러 가지 걱정과 안부를 전한다. 그렇게 자녀들이 다 돌아간 병실에서 어르신들끼리 이야기를 나눈다.

"얘들도 다 손님이에요. 저렇게 왔다가는 금방 가니까 말이죠."

"그러니까요. 우리가 저희 키울 때는 밤잠 설치며 간호했는데, 세상이 먹고살기 힘들다 보니 뭐라 할 수도 없네요."

어르신들끼리 서로 위로한다. 옆에서 듣고 보니 맞다.

"입원해서 뭐가 제일 불편하냐면 집에서처럼 자주 씻지 못하는 거야. 내가 머리 좀 감고 싶다고 해야 감겨주지. 샤워도 하고 싶다는 것을 자식들은 몰라. 걔들이 마음이 없어서 그런 게 아니라 몰라서 그래" "자기들이 아파보질 않아서 알 수가 없는 거지."

부모님이 나이 들면 다시 아기가 된다고 했다. 정서적인 것 말고도 손다리미를 포함한 다양한 신체적 돌봄이 그만큼 필요하다. 매일 혼자서 씻을 수 있다면 씻어야 몸에서 냄새가 안 난다. 그런데 나이 들면 목욕하다가 넘어져서 골절상이 되는 경우가 많다. 자식들이 번갈아 목욕 봉사를 하는 것이 필요하다. 부모님께도 우리가 받았던 그 따뜻하고 헌신적이었던 신체적 돌봄을 되돌려드려야 한다.

안타까운
엇박자 노력

내가 부부관계가 힘들다고 느낀다면 상대도 역시 같은 마음이다. 무언가 변화가 필요하다고 느끼지만, 구체적으로 어떻게 해야 할지 몰라서 막막하다면 상대 역시 마찬가지다. 누구의 잘못이 아니다. 둘 다 낯선 상황을 어떻게 돌파해야 할지 모른 채 막연히 상대에게 기대고 싶은 마음이 생긴다. 의지하고 싶은 마음에 대화한다는 것이 "당신이 좀 더 잘할 수는 없어?" "그만 좀 징징대! 나도 힘들다고!"처럼 부정적으로 표현된다. 이런 경우 유연성을 발휘해서 이렇게 말하거나 문자를 보내자.

"당신도 회사 일로 많이 힘들지? 나도 집안일로 지쳐서 자꾸 짜증을 내게 돼. 안 그래야 하는데, 당신한테 위로받고 싶어서 그랬나 봐. 미안해. 자기야, 사랑해."

"요즘 웃을 일이 생각이 안 나. 자기야, 퇴근할 때 아이스크림 사다 줄 수 있어?"

"난 영화 본 지가 언제인지 모르겠어. 예쁘게 치장하고 여자여자하면서 데이트하고 싶다."

"창밖 하늘을 보니까 오늘은 카페에서 커피 마시고 싶다."

부부는 정서적으로 응원받고 위로받고 사랑받아야 행복하다. 어떤 남편을 원하는가? 어떤 아내를 원하는가? 서로가 원하는 사람이 되는 것이 답이다. 아내도 남편도 서로 노력하지만, 일방적인 노력은 상대가 알아챌 수 없어서 호응을 못 한다. 그리고 화내면서 노력하면 상대가 외면하기 때문에 결과가 좋지 않다.

내가 노력할 때는 상대방이 외면하고, 상대방이 노력할 때는 내가 외면한다면, 이것이 안타까운 엇박자 노력이다. 엇박자 노력은 노력한 만큼 상처가 된다. 내가 어떤 노력을 시도할 계획이 있다면 상대에게 공지사항처럼 미리 알려주는 기지가 필요하다.

깨워달라고 부탁한 경우에만 깨운다.
메모지에 적어서 기억하도록 돕는다.
나는 건강을 위해 하루 1시간 운동을 한다.
작은 목소리로 말하고 필요한 경우에는 부탁한다.
내 책상 위에 있는 것들은 만지지 않는다.
각자 자신이 대접받고 싶은 대로 상대를 대한다.

좋고 싫은 것을 분명하게 표현하고, 서로 강요하지 않는다.

'20분 정도 더 걸려요'처럼 기다려야 하는 시간을 정확하게 표현한다.

'맨날, 꼭, 항상' 이런 말을 넣어서 비난하지 않는다.

'손뼉도 마주쳐야 소리가 난다'라고 했다. 내가 먼저 긍정적인 공지사항을 전하면 상대도 같은 방법으로 공지사항을 말할 수 있다. 서로의 장점을 자주 말하다 보면 부부관계가 좋아지는 건 당연하다.

> 필자는 남편에게 "세상에 남편처럼 좋은 사람은 없는 거 같아" "당신이라서 다행이고 감사해"라고 자주 말한다. 남편도 이 말을 자주 듣더니 물어본다. "뭐가 좋은데?" 친구들도 물어본다. "너는 남편이 그렇게 좋으니?"

자꾸 말하다 보면 스스로 좋다고 세뇌된다. 그래서 상대의 좋은 점을 보는 지혜로운 사람으로 살려고 남편의 좋은 점을 찾아봤다.

딱히 나쁜 게 없으니 좋은 거다.

내가 부르면 대답하고 쳐다본다.

돈 벌면 나한테 믿고 맡긴다.

부탁하면 아무튼 해주려고 애쓴다.

내가 화내면 눈치 보고 신경 쓴다.

가끔은 나를 칭찬한다.

화장 안 하고 민낯으로 대해도 편안하다.

내가 먹고 싶다고 하면 양보할 때가 많다.

칭얼거리면 토닥토닥해줄 때도 있다.

TV 보다 내가 크게 웃으면 "어이구 재밌나 보네" 하면서 덩달아 좋아한다.

내가 좋아하는 걸 보기만 해도 같이 좋아한다.

(어쩌면 내가 웃어야 맘이 편한 건지도 모른다)

옷이 어울리는지 물어보는 것은 나를 신뢰하는 것이다.

내가 방귀 소리를 내도 씩씩하다고 웃는다.

아프다고 하면 약 챙겨주고 관심 가진다.

애들한테 가끔 '내 여자'라고 자리매김해서 편들어준다.

샤워할 때 갑자기 문 열면 깜짝 놀라고 긴장하는 것도 재밌다.

밥 먹을 때도 같이 앉아서 호응해준다.

가끔은 청소기도 잘 돌린다.

"빨래 좀 걷어다 줘요" 하면 빨래도 걷어온다.

커피 좀 타달라고 하면 타다 줄 때가 더 많다.

대다수 남편이 이렇게 한다. 씩씩한 척하면서도 아내의 눈치를 살피는 참 재미난 인연이 남편이다. 아내가 원하는 대로 척척 해주던 시절은 연애 시절이다. 그때는 아내도 말을 예쁘게 하고 긴장감이 있었다. 지금은 일상이라는 말이 알려주듯 매일 세수도 안 한 얼굴을 마주 보고 하루하루를 살아간다. 아내가 싫고 누가 좋으며, 남편이 싫고 누가 좋겠는가? 결국 내가 상대를 어떻게 바라볼 것인지가 중요하다.

해옥샘의 꿀팁!

부부가 잘 지내고 싶다면?
자주 안 쓰던 단어를 넣어서 말해보는 거 어때요?

"내 얘기 끝까지 집중해서 들어줘서 고마워요."

"당신이 우리 집 최고의 보석인 거 알죠?"

"아빠 힘들게 하지 마~ 엄마가 사랑하는 사람이야."

"당신이 축구할 때 공을 몰고 가는 그 목적의식과 열정적인 모습이 정말 멋져요."

"맛있게 식사하고 잘 먹었다고 말해줘서 기뻤어요."

"출근하는 당신 뒷모습 보면 믿음직하고 고마워요."

"내 실수를 그럴 수도 있다고 말할 때 고맙고 부끄러웠어요."

"당신도 같이 앉아서 함께 먹자고 말해줘서 감동했어요."

"당신이 좋다고 하면 다 된 거지."

"사랑하는 우리 여보라고 불러줄 때 제일 기분 좋고 힘 나요."

"오늘도 가족을 위해 수고해줘서 고마워요."

"당신이니까 우리 가족을 잘 감당하고 있다는 거 잘 알아요."

"내가 표현이 서툴러서 그렇지 가슴 뜨거운 사랑은 그대로야."

"사랑하는 당신, 비 오는데 오늘도 안전운전하세요."

"보고 싶은 마음 전하려고 문자 보냈어요."

"당신의 탁월한 매력은 내가 우쭐대도 잘 봐주는 너그러움이야."

"우리 딸은 당신을 닮아서 배려를 잘하는 거 같아요."

"와~ 정말 탁월하네. 언제부터 이렇게 잘할 수 있었어요?"

"피곤할 텐데 애들하고 잘 놀아줘서 고마워요!"

"부탁하지도 않았는데 청소기 돌려줘서 정말 감동했어."

"오늘도 건강한 모습으로 출근해줘서 고마워요."

"기분 좋게 친절한 눈맞춤하고 출근하니까 참 좋아요."

Part
5

부부가 새롭게 시작하려면

지피지기가 아니라
지기지피

'배우자'라는 말은 남편과 아내가 서로를 배우라는, 즉 '결혼했다면 상대를 배우자'라는 의미가 있다. 남편은 아내와 처가를 배우고, 아내는 남편과 시댁을 배운다. 남편의 말투, 표정, 행동은 모두 다 시댁에서 만들어졌다. 그래서 시댁을 배우면 남편을 배우는 데 도움이 된다. 남편이 처가를 배워야 하는 이유 또한 마찬가지다.

부부싸움을 할 때 남편이 외면하고 자리를 피할 궁리를 한다면 그역시 시댁에서 눈으로 보고, 귀로 듣고, 몸으로 배운 방법일 것이다. 버럭 화내고 말을 더 이상 못 하도록 막아대는 것도 마찬가지다. 자꾸만 토닥토닥 말싸움을 걸거나 따라 다니면서 잔소리하고 따박따박 따지는 아내 유형도 처가에서 배운 방법일 것이다.

우리 부부는 서로 자기표현을 얼마나 잘하고 있는지 생각해볼 필요가 있다. 상대방의 단점을 따지기보다는 각자 본가에서 부모님의 모습을 되돌아보는 시간이 필요하다. 객관적으로 부모님을 봤을 때 어떤 점이 별로인지 어떤 점이 장점인지 곰곰이 생각해보자. 마음은 살짝 물어보려 했는데 입에서는 "왜 그렇게 했냐?"고 퉁명스럽게 질책하듯 표현하는 것은 아닌지 말이다.

결혼해서 살다 보니 '내가 나를 모를 때'가 있다. 무뎌진 것이다. 나의 장단점을 살펴볼 여유도 없이 하루하루 살아가기도 바쁘다. 내가 가장 소중하게 여기는 것은? 나를 기분 좋게 만드는 방법은? 내가 좋아하는 음식 두 가지는? 내가 좋아하는 관심사는? 요즘 관심 가는 책, 영화, 드라마, 여행지는? 당장 누가 물어도 바로 대답할 수 있으면 좋겠다. 나도 나를 모르고 대답을 준비하는 데 시간이 걸린다면 배우자와 자녀들 또한 마찬가지다.

아내(엄마)가 가장 소중하게 여기는 것은?
아내(엄마)를 기분 좋게 만드는 방법은?
아내(엄마)가 좋아하는 음식 두 가지는?
아내(엄마))가 좋아하는 관심사는?
아내(엄마)가 요즘 관심 보이는 책, 영화, 드라마, 여행지는?

이 질문에 우리 가족도 답을 모를 확률이 커진다. 미리미리 자주 말해서 기억하게 해두면 서로 편하다.

아줌마들의 물개박수와 큰 웃음소리와는 다르게 아가씨들은 표정은 분명 활짝 웃고 있는데 웃음소리는 없거나 작다. 아가씨가 큰 소리로 박장대소하면 친구들이 툭툭 치면서 "야~ 너 아줌마 같아"라고 놀린다. 걸음걸이도 아줌마들은 내 다리인데도 툭툭 내던지며 걷고, 아가씨들은 또박또박 긴장감 있게 걸어서 뒷모양이 확 다르다. 스스로 자신을 좀 더 젊게 챙기려는 마음이 필요하다.

그 밖에도 아줌마는 화를 잘 낸다는 특징이 있다. 언제 화를 내는가 보면 정성스럽게 유난히 청소를 많이 한 날이다. 이런 날은 가족에게 더 많이 화를 낸다. 힘들게 치워놨으니 그 상태가 조금이라도 더 유지되길 바라는 것이다. 하지만 남편은 열심히 일하고 화내는 아내보다는 좀 덜 치워진 상태더라도 밝게 웃고 있는 아내를 더 좋아한다.

시대가 변한 만큼 육아도 가사도 전문가의 도움을 받으면 좋다. 모유수유로만 다 할 수 없기에 분유를 함께 이용하듯이, 반찬도 스스로 다 만들기보다 사는 방법도 함께해서 시간과 노동력을 절약하면 좋다. 물론 반찬을 만들면서 기쁨을 느끼는 분들은 빼고 말이다. 스스로 너무 지치게 하지 말자는 얘기다. 비용을 내더라도 지치지 않도록 스스로 보살펴야 한다. 자신이 가장 소중하다. '꼭 지금 해야 하는 일인가? 반드시 내가 해야 할 일인가?' 생각해보자.

부부가 새롭게 시작하려면

연애세포

결혼 후 시간이 지나면 연애할 때나 신혼 시절의 감정은 사라지고 서로를 그냥 가족으로만 여기는 부부가 대부분이다. 하루하루 살아가기도 벅차기 때문이다. 그런 부부를 위해 한 업체에서 이벤트를 진행한 적이 있다.

> 부부 20쌍에게 극장 화면으로 그들의 결혼식 영상을 보여준다.
> 결혼식 영상을 본 부부는 당시 사랑했던 감정을 떠올린다.
> 영상 속 커플들은 결혼식 때 했던 당찬 약속을 떠올린다.
> 쑥스러워하거나 서로의 손을 잡으면서 추억에 잠기는 모습을 보인다.
> 결혼식 영상이 끝난 후, 극장 안을 잠시 암전 상태로 만들더니
> 부부들은 누가 먼저랄 것도 없이 자연스레 키스하거나 포옹했다.

이 이벤트의 취지는 결혼식 영상으로 부부들이 옛 데이트 시절을

떠올리고 그때 했던 약속을 상기시켜 연애세포를 살리자는 것이었다. 이벤트는 성공적으로 결혼식 영상은 본 부부들에게 훈훈한 감동을 불러일으켰다.

지금 당신의 연애세포는 깨어있나? 잠들어 있다면 깨워보자. 연애할 때는 외모와 의상에 무척 신경 쓴다. 그렇다면 지금은 배우자에게 예쁜 모습을 일 년에 몇 번 정도 보여주면서 살고 있는지 떠올려보라. 출근 때는 당연한 듯 세수도 안 한 채 알아서 잘 다녀오라고 무표정한 얼굴로 대하기 일쑤고, 퇴근 후에도 아침과 같은 옷차림으로 맞이한 날들이 많을 것이다. 핑계는 역시 육아와 가사다.

연애할 때는 의미를 먼저 생각했나? 돈을 먼저 생각했나? 그렇다. 우리가 돈을 먼저 생각한다는 것은 가사의 후유증이다. 그리고 발전적인 변화이기도 하다.
연애할 때는 그때그때 얘기했나? 쌓아뒀다가 터트렸나? 바로바로 털어놓고, 있는 그대로 사실을 말했다.
연애할 때처럼 배우자를 한 개인으로 바라보고, 상대의 친구 관계나 선후배 관계를 인정해주고, 혼자만의 상상으로 미뤄 짐작하지 말고 사실을 인정하는 것이 필요하다.

"전에는 퇴근한 남편이 말도 없이 자기 몸만 챙기는 것이 야속하고 미웠어요. 그런데 간지럽고 오글거리지만 강사님께 배운 대로 문자를 보냈더니 처음에는 '당신 왜 그래? 뭐 잘못한 거 있어?'라는 반응을 보이던 남편도 나중에는 자연스럽게 문자를 보내더라고요. 이제는 퇴근 후에도 남편이 먼저 대화를 걸어와서 한참을 얘기하곤 해요."

> 남편과 아내도 낮에 문자 하라! 각자 맡은 일에 집중하느라 서로에게 소홀하기 쉬운 낮의 소통도 중요하다.

낮에 소통하면 관계가 좋아지기 마련이다. 저녁은 각자 지쳐있어서 제대로 된 소통을 하기 힘들다. 부부도 활력이 넘치는 낮에 소통하는 것이 더 긍정적이다.

"오늘 점심에는 뭐 먹었어요?"
"저녁 식단 겹치지 않게 준비하려고요."
"오늘 낮에는 날씨가 좀 풀렸네. 당신 컨디션은 어때요?"
"커피 한 잔 마시고 오후 시작해요."
"창문 여니까 공기가 시원하고 상쾌해요."
"당신 목소리 듣고 싶어서 전화했지."
"당신 궁금하고 보고 싶어서 문자 했어."

이런 문자들을 낮에 남편과 주고받으면 저녁 시간에 변화가 온다. 부부가 서로 사랑하는 감정표현을 배운 적이 없기에 잘 지내는 방법도 몰랐다.

수강자 실천 사례 25.

낮에 남편과 문자 하기

낮에 남편에게 문자를 보냈더니 "당신 왜 그래?"라고 묻기에 "지난번 '부부관계개선을 위한 특강' 때 배운 대로 한번 해보는 중이야. 왜, 어색해? 나도 좀 어색하긴 한데 당분간 해보려고"라고 대답했고, 남편은 "어쩐지, 그랬구나!" 하면서 퇴근 후 먼저 대화를 걸어오고 대화하는 날이 계속되고 있다고 한다.

"시계를 보니까 20분밖에 대화를 안 했는데도 무척 더 친해지고 행복한 느낌이었어요."

아내가 그렇게 느꼈다면 남편도 그렇게 느꼈을 것이다.

"남편이 다음 단계로는 뭘 어떻게 해야 하는지 또 배워오래요."

누구나 하루의 일상이 늘 기쁘고 행복한 순간으로 계속될 수는 없다. 그러나 기분 좋은 순간을 떠올리면 행복하다. 부부의 삶도 서로 잠깐 미소를 머금거나 웃거나 토닥거림을 받는 순간을 떠올리면 행복해진다. 남편들도 딱 그렇다. 내가 좋은 것은 남편도 좋아하고 내가 싫은 것은 남편도 싫어한다. 부부도 연인 시절처럼 계속 서로를 궁금해하는 표현을 해야 한다.

"여보~ 내일 아침부터는 출근하기 전에 나랑 모닝뽀뽀 해!"

남편이 의아해하며 쳐다본다. 틈을 주지 않고 계속 말한다.

"당신도 우리 애들이 공부 잘하길 바라지? 애들은 엄마 아빠가 싸우면 불안해서 집중력이 떨어진대. 그런데 엄마 아빠가 사이좋다는 걸 확인하면 정서적으로 편안해져서 집중도 잘하고 결국 공부도 잘한대. 그러니까 내일 아침부터 애들이 볼 수 있게 아침에 모닝뽀뽀 하기."

통보처럼 전달했다.

필자가 말하는 **모닝뽀뽀는 얼굴 양쪽 볼에 뽀뽀하고 난 후에 입술뽀뽀로 마무리하는 것을 말한다.** 내가 먼저 남편에게 모닝뽀뽀를 한다고 했지만, 쑥스럽고 계면쩍어서 그럴듯한 핑계를 만들었다. 남편은 "그건 핑계고 네가 하고 싶은 거 같은데"라고 했다. 그렇게 다음 날 아침부터 모닝뽀뽀가 시작됐고, 애들이 왜 갑자기 친한 척하느냐면서 놀렸지만 가족 모두의 표정은 밝았다.

"남편과 모닝뽀뽀 하세요?" 강의 때 이런 질문을 던지면 "가족끼리는 그러는 거 아니에요~ 하하" 하고 웃는다. 팅팅 부은 얼굴, 흐트러진 머리카락, 덕지덕지 낀 눈곱까지 사랑스러워 보이던 신혼 시절엔 모닝뽀뽀가 일상이었을 것이다. 하지만 이제 키스는 물론 가벼운 뽀뽀조차 언제 했는지 기억이 가물가물하다.

아이를 키우면서 육아에 지칠 때마다 남편이 얄밉다. 그래서 남편의 뽀뽀 시도에도 단호하게 "하지 마"라고 말하며 밀쳐냈다. 술 마시고 담배 핀 입에서 나는 그 불쾌함은 더 싫었다. 키스 그런 거 언제 했었는지 기억이 안 난다. 싫다는데 하면 당한 기분에 입술을 훔친다. 남편과 사랑했었다는 것을 까마득히 잊고 주부로 살면서 육아와 가사로 지쳐서 생긴 상처 때문이다. 하지만 모든 부부는 가족이기 전에 서로 사랑하는 남자와 여자다. 많은 문제는 이 당연한 사실을 잊어버리는 데서 시작된다.

"나 갔다 올게" 하는 남편에게 아무런 대꾸도 없이 부엌에 있는 아내는 그저 힘들고 지친 일상을 탓한다. 아침에 아이들이 기분 좋게 유치원에 가도록 배려하듯, 아내의 모닝뽀뽀는 남편에게는 충전이고, 출근길에 기분 좋게 웃을 수 있는 묘약이다. '안전 운전해요. 금방 또 보고 싶을 거예요' 이런 한마디 문자를 보내도 좋다.

어떤 분들은 왜 그렇게까지 해야 하느냐고 묻는다. 관계는 노력이다. 관계에 크게 영향을 주는 것은 타이밍이다. 그때 내 앞에 그가 있었던 것이 운명이었던 것처럼.

아주 특별한 인연으로 맺어진 부부라는 관계도 끈기와 노력으로 유지해야 한다. 그런데 지친 저녁 시간보다 낮에 노력하는 것이 더 효율적이다. 하루를 시작하는 아침에 살짝 기분 좋게 하는 한마디와 모닝뽀뽀는 서로를 충전시킨다.

뽀뽀에 대한 몇 가지를 공유한다.

손등에 살짝 하는 뽀뽀는

헤어질 때의 아쉬움이나 수줍음을 담은 것이고,

볼에 하는 뽀뽀는 호의와 친절을 표시하는 것이고,

콧등에 하는 뽀뽀는 당신에게 반했다는 의미고,

영화 속에서 많이 보는 이마에 하는 클래식한 뽀뽀는

변함없는 사랑의 맹세나 존경의 표시고,

입술에 하는 뽀뽀는 당연히 사랑의 표현이다.

119
112

부
모

강아지 전략

강아지들은 누군가 집에 들어오는 인기척이 있으면 현관으로 나가서 맞이한다. 그리고 당분간 주인이 가는 발걸음대로 쫓아다닌다. 환영하는 것이다. 처음에만 유난스럽게 따라다니고 조금 지나면 자기 볼일을 본다. 그래도 우리 기억에는 내가 집에 들어오면 엄청 반겨주니까 기분이 좋다. 그래서 나도 강아지처럼 남편을 맞이한다.

강아지처럼 사랑 표현하기가 전략이다. 집에서 강아지를 키우고 있다면 금방 알아차릴 것이다. 가족이 집에 들어올 때 그리고 집을 나설 때가 중요하다. 전에는 남편이 아침에 출하면 현관 앞까지 나가기보다는 남편이 식사한 아침 식탁을 정리하면서 잘 다녀오라고 인사했다. 모닝뽀뽀도 식탁 근처에서 하곤 했다.

박사과정 공부를 시작하면서 한 가지 고민이 생겼다.
아내가 박사과정 공부에 빠져들면
남편이 바람이 난다는 소리를 들었기 때문이다.
지금의 좋은 관계를 유지하고 싶다.
어떻게 하면 남편과 잘 지내고 공부도 무사히 잘 마칠 수 있을까
고민하다가 강아지처럼 사랑 표현하기를 생각해냈다.

부
모

아파트에 남편 차가 들어오면 차량이 도착했다는 안내 멘트가 스피커에서 나온다. 그러면 맞이할 준비를 한다.

"어서 와요. 한참 운전하고 오느라 힘들었지? 고생했어요."

그러고는 남편 엉덩이를 토닥이고 걸음을 따라가며 등에 손다리미를 한다. 아파트가 뭐 그리 넓겠는가? 현관에서 안방까지 몇 걸음을 쫓아가고, 외투 벗고 손 씻을 때 목욕탕 문에 붙어 서서 말을 건넨다.

"배 많이 고프죠? 오늘 점심에는 뭐 먹었어요? 당신이 좋아하는 계란찜 했는데."

식탁에 앉도록 같이 쫓아다녀도 시간은 얼마 안 걸린다.

들어와도 본 척 만 척하고 식탁에서 밥 다 됐으니 나오라고 외칠 때와는 남편의 반응이 엄청 다르다. 어느 날은 귀찮게 쫓아다닌다고 퉁박을 주기도 한다. 그러면 "엄청 보고 싶었어"라고 애교를 떨어본다. "아이고 이러지 말라고. 누가 들으면 엄청 사랑하는 사람들인 줄 알겠네" 하면서도 표정은 웃는다. "오늘 별일 없었어요?" 하면 대

수롭지 않다는 듯 넘어갈 때도 있고 어느 날은 속상했던 일로 열변으로 토해낸다. 그럴 땐 일부러 집중해서 최대한 호응한다.

그렇게 식사를 마치고 그릇을 정리하면서 반찬 뚜껑을 덮어서 냉장고에 넣어달라고 부탁한다. 전에는 힘들게 일하고 온 사람한테 또 일 시킨다고 화냈던 사람이 이야기를 잘 들어주고 호응을 해주니까 당연하게 반찬 뚜껑도 닫고 정리를 도와준다. 그런 다음 "뭐 더 해줘야 할 일 없으면 나 좀 쉬어도 되지?" 한다. 고맙다.

집에 오자마자 환영했더니 자발적으로 도움을 주려고 한다. 기분이 다. 식사할 때 앞에 앉아서 관심사를 묻고 호응해주니까 기분이 좋을 때는 뭐든 더 해주고 싶은 마음이 드는 것이다. 지금은 남편이 세탁기 돌리기와 빨래 널기, 분리수거, 음식물 버리기까지 몽땅 다 해준다. 한쪽에 잘 놔두기만 하면 아무튼 자기가 알아서 버리고 싶을 때 1층에 내려가겠다고 한다. 나는 맛있는 식사와 친절을 준비하면 된다. 친절하게 대하는 것이 중요하다.

식사를 마치고 남편은 TV 리모컨을 손에 쥔 채 잠이 든다. 나는 그 때부터 집중해서 공부를 시작한다. 아이들도 마찬가지다. 애들이 오면 나가보고, 먹을 것을 챙겨주고, 방문 앞에서 관심사를 묻고 챙긴다. 서로 관계를 돈독하게 하는 것이다.

결혼 앨범은 어디에

"지금 당신의 결혼 앨범이 어디 있는지 기억하냐?"는 필자의 물음에 가장 많은 대답은 "이사를 하도 다니다 보니 이젠 풀지도 않은 상자 안에 있어요. 아마 베란다에 있을 걸요?"다. 더구나 자녀가 있으면 결혼 앨범보다는 아이들 앨범이 더 중요해진다.

"그 결혼 앨범의 위치가 부부의 지금 마음의 거리다"라고 말하면 제각각 야릇한 표정을 하며 그저 웃는다. 어떤 분은 "선생님 저는 앨범은 베란다에 있지만 남편과의 관계는 정말 좋습니다" 한다. 그러면 나는 이렇게 말씀드린다.
"정말 다행입니다. 축하합니다. 그러나 지금 멈칫했던 분들은 오늘 집에 가자마자 당장 결혼 앨범을 꺼내세요! 그리고 오늘 저녁 남편과 아이들이 발견할 수 있도록 TV 근처, 가장 잘 보이는 곳에 놔두세요."

위처럼 남편이 물으면 "오늘 강의를 들었는데 강사 선생님이 꺼내보라던 말이 생각나서. 앨범 속에 웬 멋진 남자가 있던데?"라고 대답해보자. 부부가 사진을 찍을 당시의 에피소드도 튀어나오고, 결혼하기까지 온갖 이야기들이 오고 간다. 부부의 입가에 어느새 작은 미소가 번지고 그때를 추억하면서 대화하게 된다.

"여기 사진 봐봐. 너는 없지? 네가 태어나기 전이란다. 아빠랑 데이트할 때는 매일 만났었어. 지금 생각해도 정말 그때는 대단했단다. 아빠가 제일 사랑하는 사람은 엄마였어. 그리고 엄마가 제일 사랑하는 사람은 아빠란다."

아빠에게 가장 소중한 사람은 엄마다. 엄마에게 가장 소중한 사람은 아빠다. 부부가 서로를 가장 소중하다고 소리 내어 말하는 것이 중요하다. 그러면 어떤 아이들은 울음을 터트린다고 한다. 이럴 때는 작고 차분한 목소리로 상냥하게 말해주자.

"엄마랑 아빠는 네가 태어나기 전부터 사랑했어. 부부는 의리가 있는 거야. 너는 엄마 아빠가 제일 사랑하는 사람이야. 엄마랑 아빠, 우리는 네가 제일 소중해."
결혼 앨범을 본 후에는 자연스럽게 아이의 돌 사진 등이 있는 앨범도 함께 펼쳐본다.

"자, 여기! 여기부터 네가 나온다. 네가 태어났어. 네가 엄마 배 속에 있을 때 엄마가 얼마나 먹고 싶은 게 많았던지...."

앨범을 펼칠 때마다 시간 가는 줄 모르고 추억으로 달려간다. 부부 간에 사랑을, 자녀에게는 아빠 엄마의 사랑을 확인시켜주는 좋은 도구가 사진이다. 부부가 좀 서먹해졌는데 마땅히 화해의 출구를 못 찾았다면, 앨범을 꺼내놓아도 좋다. 자녀가 요즘 나와 관계가 서먹하다면 아주 어릴 때 사진을 몇 장 꺼내 식탁에 둔다. 사진을 보면서 이야기를 나누다 보면 서로 편안해질 수 있다.

앨범의 매력은 행복하고 좋았던 순간의 기록이 담겨있다는 점이다. 아빠랑 엄마가 엄청 사랑했었다는 달콤한 이야기를 해주는 것은 아이들에게 정서적으로 참 좋다. 아이들은 엄마 아빠가 얼마나 사랑했는지 사랑에너지를 확인하고 안심한다. 엄마 아빠의 결혼 앨범을 한 장씩 넘길 때면 아이들은 "엄마, 진짜 예쁘다. 엄마 이때는 날씬했네" "엄마 화장이 왜 이래요? 이상하다" "아빠 멋있다" 등 많은 이야기를 하며 웃는다. 부부도 사진을 볼 때면 표정이 훨씬 편안해진다.

닉네임

각자 자기의 휴대폰을 꺼내 가족을 어떻게 저장해뒀는지 살펴보자. 김○○, 이○○ 등 이름으로만 저장했는지 아니면 다른 닉네임도 함께 적어뒀는지 본다.

지혜로운 울 엄마♥ 유○○님

정 많고 따뜻한 울 아빠♥ 최○○님

♥멋진~남편 박○○♥

매력쟁이 내 동생 최○○

기대되는 미래인재 박○○

배려짱♥ 미덕천사 박○○

그냥 이름만 저장했다면 지금 당신의 감성은 휴면상태인 거다. 이모티콘까지 넣어서 길게 수식어를 붙여 저장하면 스스로 감성을 톡톡 깨우는 효과가 있다. 내가 어떤 수식어를 붙이는가가 특별함이다. 긍정적이고 발전적인 내용으로 닉네임을 만들어 저장한다면, 별로 안 친했어도 저장된 닉네임 덕분에 더 친해질 수 있다.

닉네임과 함께 사진도 저장하면 좋다. 남편은 물론 우리 가족들의 제일 멋진 모습을 전화번호와 함께 사진까지 저장하면 통화할 때마다 얼굴도 보고 좋다. 특히 부부관계가 조금 권태롭다면 웨딩사진 중 한 컷을 저장해도 좋다. 부부가 새롭게 대화하는 데 도움이 된다. 아이들 사진은 어릴 때 귀여운 사진도 가끔 활용할 만하다.

SNS를 하거나 문자를 보낼 때, 내용만 충실하게 써서 보내지 말고 이모티콘을 사용하면 더 부드러운 관계로 느껴지고 친근감이 생긴다. 이모티콘을 사용하는 것으로 개성과 즐거움을 누리는 세상이다. 이모티콘을 사용하면 세련된 감각이 돋보이기도 한다.

> 스마트한 세상을 살면서
> 우리는 스마트폰을
> 얼마나 스마트하게 잘 사용할까?

휴대폰 앨범의 사진을 종류별로 폴더를 만들어 따로 정리해보자. '유치원 졸업식' '사랑하는 우리♡' 등으로 정리하다 보면 가족과 함께한 즐거운 시간이 자연스레 떠오르는 긍정효과가 있다. 밴드 등 앨범들을 활용하면 좋다.

수강자 실천 사례 26.
나 혼자만의 밴드

필자는 나 혼자만 하는 밴드도 만들었다. 나의 추억을 소중하게 모을 수 있는 공간이다. 우리 가족 네 사람만 하는 밴드도 있고 시댁 식구와의 밴드, 친정 식구와도 밴드를 사용하고 있다. 요즘처럼 제각각 바쁘게 사는 세상에 소통창구로 적절한 듯하다. 가끔 결혼 때 우리 부부의 사진이나, 젊었던 부모님의 사진을 올리면 반응이 뜨겁다. 지금은 어느새 20대가 돼버린 아이들의 유치원 사진도 마찬가지다. 시간 가는 줄 모르고 추억 속으로 들어간다. 표정은 모두 미소를 머금거나 웃는다. 얼마나 좋은가.

휴대폰에 저장된 사진은 폴더를 만들어 구분한다. 갤러리 폴더에서 오른쪽 상단의 '더 보기'를 클릭하면 '편집'과 '앨범 추가'가 나온다. 앨범 추가를 클릭해서 [2017.08.03. 가족여행] 식으로 제목을 쓰고, 아래의 '추가'를 클릭하면 [2017.08.03. 가족여행] 폴더가 생긴다. 옮기고 싶은 사진을 오래 클릭해서 ☑체크 표시하고 상단의 '완료'를 클릭하면 '취소, 복사, 이동' 중 선택하라는 알림창이 뜬다. '이동'을 클릭하면 원하는 사진이 지정한 폴더로 옮겨진다.

부부가 새롭게 시작하려면

연인동아리

드라마 속 연인은 항상 알콩달콩 행복하다. 그렇다고 부러워할 필요
없다. 우리도 그렇게 지낸 시간이 분명히 있었고, 앞으로도 만들어
나가면 된다.

결혼 후 노래방에서 남편의 새로운 모습을 봤다.
저런 재미난 모습도 가진 사람이었다니!
코믹한 율동도 하고, 편안하고 행복해 보인다.
아내도 밝게 웃으며 율동을 살랑살랑한다.
유연한 몸짓이 살아있다.

집에서는 서로 이런 모습을 할 기회가 없다. 그래서 동아리 활동을
하면 좋다. 지금 어떤 동아리 활동을 하고 있나? 필자는 결혼 후에

도 다양한 동아리 활동을 하고 있다. 거기에 '연인동아리' 하나만 새로 가입하면 된다. '연인동아리'는 회원이 남편과 아내 딱 두 명이다. 연인 시절로 잠깐 시간 여행을 가는 것이 동아리 목적이다. 드라마 속 '연인들의 행동 따라잡기' 놀이 시간이다.

동아리 활동이란 것이 다 그렇듯이 매일 하지 않고 가끔 한다. 그리고 종일 동아리 활동하는 것이 아니라 잠깐 하는 것이다. 부부는 참 이상한 관계다. 별것도 아닌 일로 서로 화나기도 하고 또 별일 아닌데 한 번 같이 웃고 나면 무척 친근하게 느껴진다. 부부의 동아리 활동은 비정규적이고 순간포착이다.

> 집에서 부부가
> 침실에 양초를 몇 개 켜면
> 어떤 대화를 하게 될까?

우리 부부의 향기초 사건이 있다. 선물로 받은 향기초를 켜보니 향이 좋아서인지 금방 기분이 좋아졌다. 아쉽게도 하나라서 그런지 향기를 초 근처에서만 맡을 수 있었다. 그래서 마트에 갔을 때 향기초 두 개를 더 샀다. 저녁 식사를 준비하기 전에 안방 화장대 앞에 향기초를 세 개 켜두고 불을 끈 채 방문을 닫아뒀다. 식사를 마치고 남편이 안방으로 들어서다가 멈칫하더니 나를 바라본다.

"이거 뭐야? 왜 촛불을 켰어?"

"응, 선물 받은 향기초를 켜보니까 향이 좋기는 한데 너무 근처에만 번져서 두 개 더 샀어요. 분위기 좋지?"

남편이 몸을 돌려 나를 보더니 "나 오늘 그냥 잘 건데" 한다. 나는 그냥 분위기를 내보려던 것인데 남편은 많이 앞질러 간다. 그래서 "나도 그냥 켜본 거예요"했다.

설거지를 마치고 안방 화장대 앞에 앉아 로션을 바르는데 남편이 배우 목소리 흉내를 내면서 침대로 부른다.

"해오기, 이리와 봐!"

웃긴다. 못 이기는 척 다가가니 목을 휘감으면서 영화 '별들의 고향'의 명대사를 흉내 낸다.

"해오기, 오랜만에 같이 누워보는군."

웃음이 빵 터졌다.

"맨날 같이 눕는데 무슨 소립니까?"

"당신이 툭하면 처음 만난 것처럼 살자면서?"

맨날 한 침대에 누워도 살이 닿지 않는 노하우가 생긴 우리 부부였다. 촛불 이벤트로 남편의 장난기도 발동이 걸린 모양이다. 이렇듯 별일이 아니더라도 둘이 잠깐이라도 웃으면 그날은 왠지 하루가 편안하게 마무리되는 기분이 든다.

TV에서 맥주 마시는 장면이 나오면 남편은 꼭 맥주를 찾는다. "어디서 마실까요?" 집에서 마신다고 하면 "어떤 잔으로 마실래요?" "안주 뭐로 준비할까요?" 묻는다. 왜냐하면 동아리 활동을 위해 집에 다양한 컵을 준비했기 때문이다. 안주는 최대한 크고 화려한 접시를 이용해 담고 식탁에 촛불을 켠다. 준비를 마치고 남편을 부르면 눈이 휘둥그레지면서 좋아하고 잘 즐긴다. 이 정도 차려두면 남편이 나를 부르는 호칭이 바뀐다. "최 마담~ 오늘은 뭘 좀 마셔볼까?" 괜히 거드름을 피우고 야릇한 표정을 한다. "오늘 술값은 무료인데 안주는 만 원입니다" 하면 남편이 만 원을 준다. 남편의 쌈짓돈 맛이 좋다. 맥주 한잔하자는 말에 준비가 요란해졌지만 동아리 활동이 시작되고 대화시간이 생겨 웃을 일이 많다.

동아리 활동복도 한몫한다. 남편에게 K1 선수들이 입장할 때 걸치고 나오는 가운을 선물했다. 남편은 어린 시절 레슬링선수들이 걸친 가운 이야기부터 시작한다. 바로 입어보고 방송에서 봤던 다양한 포즈를 한다. 한참을 웃었다. 이것이 활동복 효과다. 이 가운은 남대문시장에서 2만 원 정도 주고 산 것이다. 용(龍)그림 기계자수 박힌 황금색 실크 가운인데 남편이 지금까지 옷장 속에 두고 있는 것을 보면 가성비 '갑'이다.

그리고 연인동아리 활동은 '드라이브할 때의 연인놀이, 커피와 관련된 연인놀이, 속옷과 관련된 연인놀이, NG!연인놀이' 등 다양하다. 연인동아리 활동은 부부마다 각자의 개성이 첨가돼 창의적으로 발전한다.

수강자 실천 사례 27.
연인동아리

때로는 이웃 부부가 집 앞 호프에서 같이 한잔하자고 연락이 온다. 동아리 활동의 기회가 생긴 것이다. "여보, 동아리 활동! 연인처럼 나갑시다" 연인처럼 둘이 손잡고 밀착해서 걷는다. 테이블에 앉을 때도 연인 버전으로 자리 잡고 앉는다. 사실 부부들은 외식할 때도 마주 보고 앉아서 묵묵히 음식을 먹는 것이 보통이고, 드라마 속 연인들은 서로 옆으로 나란히 앉아서 서로 스킨십 기회를 최대한 가지려고 한다는 걸 발견했다.

호프집에서도 동아리 활동은 계속된다. 우리 부부가 나란히 앉아 있으니 상대 부부도 나란히 앉는다. 우리 부부가 강냉이 안주를 서로 입에 넣어주니까 이웃 부부는 "아니, 남사스럽게 뭐 하는 겁니까?" 하며 의아해한다. 그래서 "연인들 행동 따라잡기 하는 거예요"라고 '연인동아리'에 대해 설명했다. 이웃 부부는 더 요란스럽게 서로 입에 넣어주더니 깔깔 웃는다. 그때부터는 본격적으로 '더블데이트'가 된다. 누가누가 더 닭살인가 경쟁하듯 서로의 남편과 아내에게 안주를 먹여주고 장난을 친다.

빵 터진 하이라이트는 따로 있다. 테이블 안쪽에 앉은 내가 화장실을 가겠다고 했을 때 나란히 앉아있던 남편이 자리에서 일어나 다녀오라고 했다. 같이 있던 이웃 남편이 "아니, 여성분을 혼자 화장실에 보내면 됩니까? 함께 다녀오세요" 한다. 결혼 후 남편이 화장실까지 따라와 밖을 지켜준 것은 처음이다. 이렇게 남편과 편안하게 웃으며 특별한 시간을 보내고 집에 돌아오면서 엘리베이터에서도 밀착해서 장난을 쳤다. "CCTV에 다 찍힌다니까""그럼 어때? 우리 합법적인 부부잖아."

공지사항 띄우기

119
112

부모

가족이 내가 좋아하는 걸 알고 있을까? 그냥 짐작하게 하지 말고 공지사항처럼 알려주면 편안하다. 내가 정말 좋아하는 것은 무엇인지 가족에게 두 가지 공지해보자. 먹는 걸 좋아하면 "맛있는 곳 알아뒀는데 한번 가보자!" 권할 수 있다. 먹물 핫도그를 좋아한다고 말해두면 먹물핫도그를 내밀 것이다.

나처럼 좋아하는 것이 자주 바뀌는 변덕쟁이라면 1달에 한 번씩 "나는 요즘 이걸 좋아하게 됐어"라고 알려주면 좋다. 남편에게도 그렇고 자녀에게도 마찬가지다. 나는 "엄마는 명절은 둘째 치고 엄마 생일과 아빠 생일 그리고 어버이날은 반드시 꼭 챙겨줘야 해" 선언했다.

싫어하는 것도 두 가지 정도 공지하자. 너무 많으면 기억할 의지가 약해지니까. '몸매에 대해 얘기하지 말 것' '먹기 싫은 거 계속 먹어보라고 하지 말 것'처럼 말이다. 정말 싫어하는 것이 무엇인지 알리면 가족은 그걸 지켜주기 마련이다. "네가 그렇게 싫어할 줄 정말 몰랐다"라는 말을 들을 일이 없어진다.

내가 화났을 때는 "이렇게 해달라"고 미리 공지하는 것도 중요하다. 화났을 때 무엇을 원하는지 알게 되면 관계가 훨씬 편안해진다. 나는 가슴형이라서 "당신 정말 많이 화났구나"라고 계속 공감해주기를 원하고, 남편은 머리형이라서 혼자 잠시 머리를 쉴 수 있는 독립공간을 원한다. 그런 걸 몰랐을 때는 더 화가 났고, 어쩜 이럴 수가 있을까 싶었다.

남편에게 내가 화가 나 있을 때는 3번 공감해달라고 요청했더니, 지금은 "해옥이 많이 화났어?" "해옥이가 화내니까 눈치 보인다" "해옥아 화 풀고 잘 살자!" 한다. 그리고는 다가와 손다리미로 내 등을 문지른다. 이 정도 노력을 보이면 나도 화를 풀어야 좋은 관계로 돌아갈 수 있다.

반대로 남편이 화나면 나는 잠시 혼자 있도록 말 걸지 않고 기다린다. 남편이 방문을 열고 나오면 "차 한 잔 만들어줄까요?" 말을 건넨다. 남편은 차 한 잔 마시겠느냐고 말을 건네는 것이 사랑표현이라고 느낀다는 것을 살면서 알게 됐다.

가족에게 내가 좋아하는 것과 싫어하는 것, 그리고 화가 났을 때 대처하는 법만 미리 공지해도 싸울 일이 절반 이하로 줄어든다. '공지사항'을 이용하면 호미로 막을 수 있는 일은 호미로 막게 된다.

> "선생님 남편이 저랑은 대화를 잘 안 해요. 그런데 동창밴드에는 소소한 하소연까지 하나 봐요. 도대체 이게 말이 돼요?"

남편이 회사에서 힘들다고 하거나 부모님 일로 답답해서 하소연하는 경우, 아내가 어느 정도 공감 반응을 해주는지가 중요하다. 남들도 다 그렇게 산다고 퉁명스럽게 말하거나 나도 답답한 일이 너무 많다며 나부터 공감해달라고 하면 더 이상 아내와는 대화가 안 된다. 그런데 남편이 똑같은 내용으로 동창들과 SNS 공간에서 대화하면 친구들이 공감해주고 위로와 안부를 챙기는 댓글을 쓴다. 아내도 친구들에게는 그럴 것이다.

동창에게는 위로와 안부를 챙기면서 배우자에게는 냉정한 경우가 많다. 부부도 안전거리 확보가 필요하다. 동창이라고 생각하고 동창에게 말하듯이 객관적으로 말하고 행동하면 더 좋은 관계가 될 수 있다.

수강자 실천 사례 28.
시댁과의 안전거리

맞벌이 부부인데 시부모님은 물론 친척들까지 모시고 식사해야 하는 날이 가끔 있다. 식사는 음식점에서 하지만 식사가 끝나면 모두 우리 집으로 온다. 집에서 차 한잔과 과일을 먹고 나야만 행사가 끝나는 것이 보통이다.

어느 날 식사 모임에서 식사를 마치자 남편이 어른들게 후식까지 잘 드셨느냐고 묻더니 내게 의논도 없이 말했다.
"제가 오늘 준비한 식사는 여기까지입니다. 맛있게 드셨다니 기쁩니다. 지금부터 더 이야기를 나누고 싶은 분들은 커피숍에 가서 좋은 시간을 보내도 좋습니다. 안녕히 돌아가십시오."

순간 너무 당황스러워 표정을 어찌할 줄 몰랐다. 그랬더니 "그래그래 맛있게 먹었다. 너도 쉬어야 또 출근하지" 하면서 행사가 종료됐다. 남편의 공지사항이 당황스럽긴 했어도 남편도 고맙고 기꺼이 수용해주신 어른들게도 감사했다. '공지사항'에 대해 서로 이야기를 나누면서 각자의 안전거리를 알게 돼서 상대를 제대로 배려하는 데 도움이 됐다.

수강자 실천 사례 29.
부모님과 일대일 데이트

시댁 부모님이나 친정 부모님과 주기적으로 만날 때, 꼭 부부 대 부부로 만나야 서로가 잘사는 모습을 확인한다고 생각하는 편견을 깨야 한다. 부부가 따로 부모님을 일대일로 만나면 친밀감이 더 커질 수 있다.

예를 들면 맞벌이 부부가 각자 일정이 있어서 함께 부모님께 못 간다면, 남편 혼자 시부모님을 방문한다. 또는 부부가 부모님 댁에 갔는데 아버님이 저녁 약속 있어서 어머님 혼자라면 어머니만 모시고 식사하는 거다. 그럴 때 더 편안하고 깊은 대화가 이뤄지기도 한다. 혼자 있을 때만 할 수 있는 얘기가 있다. 엄마가 여행가고 아빠 혼자 집을 지킬 때, 자식이 찾아가서 같이 식사하면서 나누는 얘기는 데이트 효과가 있다. 혼자 방문해서 일대일 데이트하고 나면 만족스럽다. 자녀가 혼자 부모님을 방문하면 '요즘 싸우고 혼자 왔나?' 걱정할 것이라는 생각이 선입견임을 알게 된다.

안전한 재혼

연애할 때 어떤 노래를 자주 불렀나? 둘이 함께 연습했던 노래가 있나?

♬ 이 세상에 ○○ 없으면 무슨 재미로~

해가 떠도 ○○이, 달이 떠도 ○○이

○○이가 최고야.

맞아 맞아 ○○이가 최고야.

아니야 아니야 ○○이가 최고야.

우리 부부는 결혼 후에도 가끔 서로 마음을 전달하고 싶을 때 이 노래를 부른다. 완전 닭살이라고 애들이 놀리더니 아이들도 따라 부른다. 가족이 행복한 순간이다.

나는 남편과 재혼을 세 번 했다. 세 번 모두 같은 남자다. 부부가 살 다 보면 어찌 크고 작은 고비가 없을 수 있겠는가. 다만 서로 노력하 면서 살 뿐이다.

여기서 배종옥, 김희애 등이 출연했던 <내 남자의 여자>라는 드라 마 이야기를 해볼까 한다. 그 드라마를 보는데 남편이 다른 거 보라 고 한다. 여자들은 왜 그런 걸 보는지 모르겠다며 쓸데없는 데 신경 쓴다고 한다. 그래서 잠시 생각을 해본다. 나는 이 드라마를 왜 계 속 보는 걸까? 새롭게 알게 된 것은 '내 안에도 김희애가 있다'는 것 이다. 나도 김희애처럼 매력적인 어필도 해보고 싶은데 현실은 기혼 녀다. 그래서 남편에게 제안했다.

"여보, 당신도 나도 밖에 나가서 불륜할 입장도 안 되니까 우리끼리 오늘 처 음 만난 셈 치고 새롭게 지내볼까요? 난 한번 해보고 싶어. 연극처럼 동아 리 활동처럼 해보면 어때요? 안녕하세요? 처음 뵙겠습니다. 저는 최해옥이 라고 해요."

혼자 인사를 꾸벅하고 첫 번째 재혼을 시작한다. 남편의 동의를 구 하지 못한 채 나 혼자 통보하고 시작했다. 남편은 아무 대꾸도 없고 무슨 말인지 되묻지도 않는다. 관심이 없다는 얘기다. 나만 혼자 새 롭게 살아보자고 마음먹은 것이다.

남편은 드라마 속에서 커피 마시는 장면이 나오면 우리도 커피 한

잔 마시자고 하고, 맥주 마시는 장면이 나오면 집에 맥주 있냐고 찾는다. 그러면 나는 원하는 걸 준비해주곤 했다. 드라마를 보던 남편이 "커피 한잔 마실까?" 한다. 이때다 싶어 나의 장난기에 살짝 발동을 건다. 첫 번째 재혼을 위한 노력이다.

부엌으로 가는 대신 남편을 보면서 두 손을 가슴 앞에 겹쳐 모으며 말했다. "어머 지금 저한테 말씀하신 거 맞죠? 잠깐만요. 옷 갈아입을게요." 했다. 남편이 나를 보며 말한다.

"옷은 왜 갈아입어?"

"커피 마시자고 했잖아요. 카페에 가는 거 아닌가요?"

"무슨 소리 하는 거야? 이거 왜 이래?"

"그럼 저보고 커피를 가져오라는 건가요? 어머, 만난 지 얼마 안 됐는데 지금 저한테 시키시는 거예요? 우리 방금 처음 만난 거로 하고 새로 시작하기로 했는데…"

그러자 남편이 기가 막힌다는 표정으로 나를 본다. 결혼 후 처음으로 남편이 부엌에 가서 커피를 타서 들고나온다.

여기서 퀴즈! 남편이 커피를 한 잔 타왔을까? 두 잔 타왔을까? 물론 한 잔이다. 아마 대한민국에서 두 잔을 들고나오는 남자는 최수종과 가수 션뿐일 거라고 나는 생각한다. 나의 장난기는 상승세를 탄다.

"어머, 저만 주시는 거예요? 감사합니다" 하고 커피잔을 냉큼 잡았다. 어처구니가 없는지 남편이 대꾸도 없이 다시 부엌으로 커피를 타러 간다.

이 사건이 바로 나의 첫 번째 재혼 시도였다. 그날 저녁 내내 남편이 말만 걸면 나는 두 손을 포개서 가슴 앞에 대고 예쁜 척을 하면서 "어머~"를 했다. 급기야 남편이 "너 밖에서도 이런 목소리로 이러니?" 한다. (크크) 첫 번째 시도가 아쉬운 대로 먹혔다. 재밌었다. 가만 생각해보면 결혼 후 요런 목소리 요런 액션 나도 처음 해봤다.

어느 날은 아침에 출근하던 남편이 "오늘은 뭐하나? 집에 있어? 강의 가?" 묻기에 "오늘은 강의 없고 친구 만나러 서울 가요"라고 대답했더니 "또 백화점 가나? 하여튼 여자들은 팔자가 좋아. 백화점 문 여는 시간부터 나가서 맛있는 거 먹고 수다 떨고. 좋겠다. 나도 여자 하고 싶다"라며 아침부터 폭풍 잔소리를 한다. 이때다 싶어 얼른 두 번째 재혼 시도를 했다.

"여보 ∩G~! 그건 마누라한테 얘기하는 버전이잖아요. 그거 싫어요. 애첩 버전으로 다시 말해줘요."
"오래간만에 친구 만나러 나가네. 다들 잘 지내시나? 맛있는 거 먹고 재밌는 시간 보내요."
두 번째 재혼이 준 변화다.

재혼이라는 말을 사용한 이유가 있다. 재혼하는 사람들은 그가 공개하는 만큼만 듣고 상대의 과거를 묻지 않는다고 한다.
남편과 내가 재혼이라는 말로 노력하는 것은 우리 둘 다 지난 얘기는 안 하기로 한다는 것이다. 말해봐야 서로 안 좋았으니까, 알지만 말하지 않는 거다. 싫어할 상황에 대해 노코멘트하고, 칭찬은 충분히 여러 번 한다.

삼세번이라는 말이 있다. 그래서인지 남편과의 세 번째 재혼에서는 여러 가지로 틀이 잡혔다. 짧게 한마디 던지던 닭살 멘트가 훨씬 길게 주고받아진다. 또 부탁하지 않아도 유지가 된다. 서로를 한 인격체로 대하려는 노력이 익숙해진다. 새로운 관계를 시작하기 위한 준비가 끝난 것이다.

해옥샘의 꿀팁!

119
112

부
모

부부가 새롭게 시작하려면?
오글오글 애정표현에 도전해요.
말하기가 어색하다면 문자로 도전하세요.

"이 세상에 ○○이 없으면 무슨 재미로~ 해가 떠도 ○○이,

달이 떠도 ○○이, ○○이가 최고야."

"고맙고 큰 힘이 되는 남편, 마음 써줘서 감동했어요."

"안전운전하세요. 당신은 나의 보석덩어리, 소중한 존재니까!"

"사랑하는 ○○이, 목소리 듣고 싶어서 전화했어."

"문자에 빨리 답장해줘서 엄청 도움 됐어요."

"당신이 누구야. 당연하지"라고 말해주니까 인정받아 기쁘네요."

"한번 마음먹기가 어렵다는데 당신은 결의의 미덕을 잘 발휘하더라

고요. 역시 믿음직해요."

"끙끙 고민하던 중인데 해결책을 찾아줘서 감동했어요."

"그렇게 빨리 알려주다니 당신의 열정과 탁월함이 빛나요."

"가족을 위해 근면하게 일하는 당신의 한결같음에 감사해요."

"당신의 초연한 모습에서 품위와 예의가 빛났어요."

"상냥하고 친절하게 대해주니까 내 마음도 평온하고 기쁘네."

"친절하게 손을 잡고 배려하는 모습이 헌신적으로 보였어."

"나의 사랑은 충직하게 오직 당신을 향하고 있어."

"끝까지 소신 있게 주장하니까 내가 유연성을 발휘할게."

"용서의 미덕을 발휘해주세요."

"사랑의 손다리미로 진실함이 잘 전달됐어요."

"당신이 수고했다고 인정해주니까 기분이 좀 나아지네요."

"여보, 사랑의 된장찌개 정말 맛있다."

"그래요, 용기 내서 표현해준 거 고마워요."

"어서 와 힘들었지"라고 먼저 환영 멘트 해줘서 고마워."

성장 꿀팁

119부모 112부모를 위한 성장선물

사춘기라고요?
축하합니다

성장꿀팁

9

수강자 아이가 사춘기라고 하면 나는 웃으며 이렇게 말한다. "사춘기는 잘 사는 집 애들만 하는 거예요~" 이게 무슨 말일까. 사춘기는 아이가 봤을 때 부모님께 별다른 문제가 없고 경제적으로도 괜찮아 보일 때 시작된다. 아이 눈에 우리 집이 잘사는 것으로 보이면 마음 놓고 사춘기를 누려도 된다고 생각하게 된다. 또 교실에서 적당히 존재감이 있어야 사춘기를 유난스럽게 할 수 있다. 교실에서 아무도 나에게 관심을 두지 않는데 사춘기가 먹히겠는가?

눈치 보지 않고 자기에게 몰입할 수 있다는 것은 축하할 일이다. 사춘기는 아무나 할 수 있는 것이 아니다. 사춘기 시절은 또래 관계에 문제가 생기면 대인관계나 자존감에 상처받는다. 요즘 아이들은 부모세대보다 여러모로 형편이 좋다 보니 사춘기를 많이 한다. 철이

들고 나면 격렬한 사춘기는 못한다. 사춘기라는 것은 자녀가 생각할 때 우리 집 괜찮다는 것이다. 거꾸로 생각하면 부모도 기분 좋은 일이다. 지금 자녀가 사춘기 절정이라면 정말 축하한다.

한 어머니는 맞벌이하면서 세 아이를 키웠는데, 큰딸의 도움이 정말 힘이 됐다고 한다. 큰딸이 중3 여름방학일 때, 이제 집안 경제도 조금 안정된 듯하고 막내 초등학생에게 좋은 엄마가 되고 싶어서 직장을 그만두고 전업주부가 됐단다. 그런데 그렇게 든든하던 큰딸의 사춘기가 격렬하게 시작되는 예상치 못한 일이 벌어진다. 여름방학에 친구와 2박 3일로 해수욕장에 놀러 간다고 해서 말렸지만 떠났다. 엄마가 자기를 못 믿는다고 오히려 난리다. 겨울방학에는 여자애 두 명이 돈을 합쳐서 스쿠터를 사서 아파트 경비실 앞에 떡하니 주차를 해두었다고 한다.

사춘기는 건너뛰는 것이 아니라 뒤로 연장된다. 나중에 기회가 되면 그때 사춘기를 하는 것이다. 형제 중 한 명이 부모님 속을 많이 힘들게 하면 다른 아이는 사춘기를 참는다. 참았다가 끝나면 내 차례를 기다렸다는 듯이 사춘기를 한다. 대학생이 돼서 하기도 한다.

사춘기에는 부모는 뒷전이고 친구가 먼저다. 자기를 다른 사람이 어떻게 볼 것인가 고민한다. 만약 부모가 내 친구를 무시하거나 반대한다면 부모와 벽을 쌓을 것이다. 부모는 자녀의 의견과 결정을 존중해줘야 한다. 긍정적인 생각으로 자녀를 격려해줘야 한다. 자기 자신을 사랑하고 다른 사람을 배려하도록 해야 한다.

사춘기라고 무조건 겁먹을 거 없다. 드디어 내 아이와 수평적인 관계를 시작하는 때다. "**다 컸구나! 다 큰 너한테 엄마가 걱정돼서 말이야**"라고 말하면 "내가 다 큰 거 엄마도 알고 있네요?" 하며 씨익 웃는다. 존중받고 싶어 한다. 부모가 존중해주는 만큼 성장한다고 믿고 존중하자. 넘어서는 안 되는 최소한의 규칙 두세 가지로 합의하고 믿어줘야 한다.

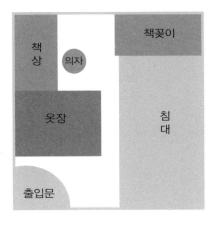

사춘기 자녀가 자기 방 배치를 마음대로 하도록 자유를 줬다. 그랬더니 아이디어가 톡톡 튀는 방 배치가 이뤄졌고 웃음이 나왔다. 엄마가 공부하는지 볼까 봐서인지 책상을 옷장 뒤로 숨겼다. 거실에서 보면 옷장 앞면이 보인다. 공간이 좁아서 방문이 채 열리지도 않는다. 옷장 문을 열려면 방문을 닫아야 한다. 그래서 더 좋아했다. 거실에서 보면 침대 머리가 안 보이도록 배치했다. 책꽂이 아래쪽은 사용하지 못하더라도 침대 발끝에 놓았다.

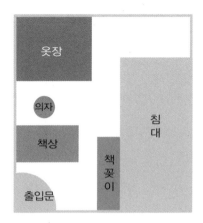

한참을 그렇게 살더니 이번에는 또 다른 변화를 준다. 옷장을 벽으로 붙이더니 책상을 앞으로 빼서 책상에 앉아서 거실을 보는 구조다. 그리고 침대 머리가 보이지 않도록 책꽂이로 가렸다. 누워서 무엇을 하는지 안 보이는 구조다.

사춘기는 그렇게 나만의 공간을 가지고 싶은 시기인 듯하다.
방문 닫는 사춘기, 숨고 싶은 사춘기, 비밀이 많은 사춘기랄까? 이또한 시간이 지나 저절로 원래의 구조로 돌아왔다.

안 씻는 사춘기,
너무 씻는 사춘기

사춘기는 신체의 성장에 따라 성적 기능이 활발해지고, 2차 성징(性徵)이 나타나며 생식기능이 완성되는 시기다. 개인차가 있으나 대개 12~17세 사이에 나타난다. 심신 양면으로 성숙기에 접어드는 청년기(Adolescence)의 전반(前半)부에 해당하는 시기로 성적 성숙의 관점에서 그 변화를 보이는 시기라는 뜻으로 사춘기(Puberty)라고 한다. 여드름이나 털(체모) 때문에 고민하는 시기다. 털이 나는 것은 성장과 성숙의 표시다. 학생들은 옷이 젖어 표시가 나거나 냄새가 나는 것에도 민감하다.

초등학생 부모는 아이들이 집에 들어오면 "손 씻어라. 씻고 먹어라. 양치해라. 운동하고 땀 흘렸으니 샤워해라"라는 말을 수시로 한다. 그렇게 안 씻어서 신경을 쓰게 했던 아이가 이제는 너무 자주 씻고,

너무 오래 씻는 것이 사춘기의 또 하나의 특징이다. 그래서 안 씻는 사춘기가 지나면 너무 씻는 사춘기가 온다. 전에는 엄마 아빠가 사용하던 목욕용품을 같이 사용했는데, 이제는 샴푸를 왜 맨날 이걸로 사오느냐고 투덜대고 향기 나는 샴푸를 사오라고 한다. 그랬다가 그 샴푸를 다 쓰기도 전에 머리에서 기름기가 좔좔 흘러서 안 된다고 다른 샴푸로 바꾸라고 한다. 바디워시도 특정브랜드 상품으로 사달라고 한다. 그야말로 씻기와의 전쟁이다.

왜 이렇게 씻을까? 여드름이 난 학생의 경우는 더 유난스러워진다. 여드름은 피부가 청결하지 못해서 난다는 정보 때문이다. 그만 좀 씻으라고 말하기보다는 여드름 전용제품을 준비해주거나 고민을 진지하게 들어주고 공감해주는 것이 좋다.

월경이나 몽정도 너무 씻는 데 기여한다. 혹시 내 몸에서 나는 냄새를 옆 친구에게 들키면 어쩌나 걱정한다. 불쾌한 냄새로 친구에게 민폐 주는 사람이 되기 싫다. 그래서 월경과 몽정에 대한 지식과 대처방법도 알아야 한다. 월경에 대해 축하할 것인지 애도할 것인지를 결정하자. 부모가 월경에 대해 어떻게 말하는가에 따라 매달 월경 시 아이의 태도가 달라진다.

초경을 할 때 "이제는 좋은 시절이 끝났다. 왜 귀찮게 벌써 월경을 하는 거야. 매달 불편하고 힘들어서 어쩌냐? 배가 아프지 말아야 할 텐데. 왜 여자들만 매달 이 고생인지 모르겠다" 등의 부정적인 말은 생리 우울증으로 연결된다.

수강자 실천사례 30.
초경파티와 속옷결정권

학교에서 갑자기 생리가 터졌을 때 어떻게 해야 할까? 생리대 사용법과 버리는 방법, 생리용품을 소지하는 방법, 생리 전후 몸의 청결유지방법 등을 알려주는 것이 필요하다.

요즘은 초경파티를 해준다. 월경은 아기를 낳을 수 있는 몸이 되기 위해 준비하는 것이라서 매우 중요하다. 어른이 됐다는 증거임을 알려주고 몸도 마음도 잘 성장한 것에 축하해줘야 한다.

사춘기 시기에는 자아의식도 높아지고 구속이나 간섭을 싫어하며 반항적인 경향으로 치닫는 일이 많다. 정서와 감정이 불안정해진다. 주변에서 자신을 어떻게 볼지 민감한 시기라서 외모에 대한 불안을 달고 산다.

남학생들은 움직일 때 팬티가 보이는 것에 예민하기도 하다. '친구들이 내 속옷을 보고 촌스럽다고 하면 어떡하지'라는 걱정도 한다. 사춘기 자녀가 자기 속옷을 직접 고를 수 있도록 속옷결정권을 주면 좋다. 아이들에게 어떤 속옷이 유행하고 있는지 엄마는 알기 어렵다. 그래서 사춘기가 되면 속옷은 자녀가 선택하도록 배려하는 것이 좋다. 교실마다 유행하는 브랜드가 있기 때문이다.

성장꿀팁

남학생과 여학생이 한 교실에서 공부하고 생활하는 요즘은 체육시간이 되면 옷 갈아입는 풍경도 다양하다. 대부분 서로 익숙해지면 교실에서 그냥 바지를 쓱 벗고 체육복으로 갈아입는다. 그래서 여학생은 가슴이 나오는 것을 신경 쓰고 브래지어나 팬티 디자인에도 민감하다. 특히 1박 2일 수련회의 경우 더하다. 그래서 초경 선물로 꽃과 케이크에 이어 속옷 세트도 인기 아이템이다.

사춘기에는 성(性)에 대한 모든 것이 궁금하다.

아이들도 슬슬 남자다운 체격이나 여자다운 체형을 갖추기 시작한다. 생리적 성욕이 강하게 나타나며 성에 대한 관심과 성적 충동이 높아진다. 여러 가지의 성적 행동을 알기 시작하면서 육체적 변화와 함께 감수성이 고조된다. 따라서 성교육과 관련된 자료나 책을 자녀의 책상에 올려둬 정보를 제공하면 좋다.

본격적인 사춘기가 되면 반항적으로 행동하고 짜증 내는 일이 많아진다. 이때는 혼내기보다는 '이것까지는 되지만, 이것은 안 된다'는 큰 경계(울타리, 규칙)를 정해주고, 어른이 되기 위한 '성장통'으로 이해하고 인정해주는 것이 필요하다.

다이어트를 하거나 멋진 근육을 만들겠다고 몸에 신경을 쓰기도 한다. 자녀가 다이어트를 해서 건강이 걱정된다면, 다이어트를 말리기보다는 적극적으로 필요한 영양의 균형을 챙겨주는 방법으로 도와주면 좋다. 식스팩에 도전하는 아들에게도 뼈와 근육에 도움

되는 영양소에 관한 이야기를 나누고 적당한 운동과 수면을 도와주면 좋다. 사춘기 자녀에게는 뻔한 이야기를 하는 것보다 함께 진지한 대화를 해주는 것이 바람직하다.

사춘기 자녀는 부모가 자신을 어리게 대하는 것이 싫어서 좀 거리감을 두려고 한다. 친구들과 잘 지내다가도 무슨 일인지 서로 문제가 있어 보이기도 한다. 변화무쌍해 보이는 아이에게 다가가려고 하면 더 경계하므로 "언제든지 엄마 도움이 필요할 때는 말해줘. 기다릴게"라고 말해두고 믿어주자. 사춘기는 결코 긴 시간이 아니다. 잠시 그대로 지켜봐주는 것이 필요하다.

성장꿀팁

9

활짝 꽃피울 내 아이

자녀가 성장하면 자녀의 발달단계에 따라 부모의 역할도 변한다. 특히 학부모가 되면 매년 담임선생님과의 관계, 같은 반 엄마들과의 관계, 학교행사에 참여 정도 등을 고민하게 된다.

이제 아이의 모든 걸 결정해주던 매니저(Helper) 역할에서 벗어나 자녀 스스로 해야 할 일을 생각하고 행동하도록 함께 도와주고 격려하는 코치(Supporter) 역할을 해야 한다.

대부분 신입 학부모들은 학습에만 관심을 가지고 도우려고 한다. 학습보다 친구 관계, 선생님과의 관계에 훨씬 더 많은 관심을 가져야 한다. 내 아이가 친구들과 잘 지내는 방법을 배우도록 도와주는 것이 제일 중요하다. 내 자녀가 타인의 감정을 잘 알아차리고 배려하는 능력이 친구 관계를 좌우한다.

감정을 잘 못 알아차리게 되면 눈치 없는 아이가 돼서 원만한 관계를 만들기 어렵다. 관계 능력은 엄마를 통해 배워지기 마련이라서 학부모로서 엄마의 대인관계 능력도 중요하다.

성장꿀팁

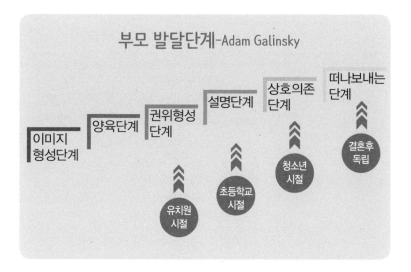

부모 발달단계-Adam Galinsky

이미지형성단계 · 양육단계 · 권위형성단계 · 설명단계 · 상호의존단계 · 떠나보내는단계

유치원 시절 · 초등학교 시절 · 청소년 시절 · 결혼후 독립

아담 갈린스키(Adam Galinsky)는 아이들이 성장하는 발달단계에 따라 부모의 역할도 변화해야 한다고 한다.

변화하는 세상에서 학부모는 부모코치가 돼야 한다. 부모코치는 내 자녀의 가능성과 잠재능력을 믿어주고, 코칭커뮤니케이션을 통해 자녀가 스스로 문제를 해결할 수 있도록 돕는다. 어릴 때는 엄마가 의·식·주를 책임지고 도와주는 정도의 부모 역할을 하지만, 부모코치가 되려면 부모도 공부해야 한다. 도움을 요청할 때만 원하는 도움을 주고, 지지와 응원해주는 시간을 더 많이 가지는 것이 부모코치다.

갈린스키의 부모발달이론

NO	단계	자녀	부모의 역할의 상호작용
1	이미지형성단계	출산 전	부부관계에서 예비부모로 나아가기 임신을 긍정적으로 받아들이기 태아에 대한 이미지 형성하기(태교하기) 부부가 대화해 부모상 정립하기 신체적, 물질적으로 출산 준비하기
2	양육단계	3세까지	태어난 아기 받아들이 변화된 가족관계에 적응하기 애착과 기본적 신뢰감 형성 사랑, 관심, 놀이, 접촉, 적절한 자극 부부가 함께 양육하기
3	권위형성단계	7세까지	자녀의 사회화과정 도와주기 주장과 고집이 세지는 자녀를 이해하기 대결을 피하고 유연하게 대처하기 자녀에게 허용되는 행동의 한계를 설정하기 부모의 권위를 형성하기
4	설명단계	초등학교	자녀를 현실 세계로 안내하기 당면한 문제와 과업을 일깨우고 안내하기 세상과 사물의 이치를 설명해주기 자녀와의 갈등을 대화로 해결하기 평등한 수평관계로 발전시켜 나가기
5	상호의존단계	중·고등학교	사춘기의 특징과 발달을 이해하기 새로운 부모·자녀 관계에 적응하기 이성, 감정이 조화된 새로운 권위 확보하기 자녀의 진로에 관심 가지고 대화하기 부모 역할의 스트레스와 정체성 대면하기
6	떠나보내는단계	떠나보내는단계	자녀의 분리된 정체감 수용하기 인생의 선배로 상담과 조언을 해주기 친밀한 부부관계 회복하기 자녀와 새로운 결속의 관계를 만들어가기 부모 자신의 삶과 다양한 관계에 힘쓰기

출처: 정명애(2012) 《부모의길－체인지》

수강자 실천사례 31.
자녀의 이성교제

우리 아이는 이성 친구를 몇 살 때쯤 사귀게 될까? 지금은 아예 사귀지 말고 대학생이 되고 나서 사귀라는 전근대적인 말을 하는 부모도 있다. 말도 안 된다. 지금 아이들은 어린이집, 유치원부터 남녀공학을 다닌다. 자연스럽게 이성끼리도 친구로 지내는 경우가 많다. 초등학교 고학년이 되면 '커플'이라고 하며 이성교제를 하는 아이들이 생긴다. 사춘기가 되고 몸이 성장하면 이성을 의식하는 것이 자연스러운 현상이다.

자녀가 이성교제를 한다고 말하면 어떤 태도를 보일 것인가?

적극적으로 개입할 것인가? 모르는 척 무심할 것인가? 무심하자! 이성교제도 보통의 교우관계로 바라보는 것이 좋다. 교우관계로 지내도록 하려면 조금 무심할 필요가 있다. 아이들이 숙제가 많아서 힘들다고 징징거릴 때 달려들어 도와주는가 아니면 그냥 스스로 해보라고 하는가? 이성교제도 딱 그 정도의 개입이 적당하다. 그래야 스스로 하고 싶은 이야기를 한다.

부모의 지나친 관심과 반대는 자녀의 입을 다물게 한다. 오히려 엄마들이 적극적으로 개입할수록 아이들은 이성교제에 더 관심을 쏟게 된다. 말리면 말릴수록 거짓말을 하게 되고 더 관계에 집착한다.

아이들이 서로 문자 주고받는 것을 읽고 겁먹지 말자. 무조건 반대하지 말고 신뢰와 사랑을 바탕으로 새로운 친구를 사귀도록 조언해주는 것이 좋다. 이 시기에는 이성에 대해 올바르게 인식하고 서로를 존중하고 배려하는 방법을 배워야 한다.

아이들 사이에 '투투데이'가 있다. 만난 지 22일 되는 날이다. 그때 전후로 만남이 깨지는 경우가 많다. 요즘 아이들 이성친구와 깨지고 나서 상처받기 두려워 얕게 사귀고 자주 깨지는 경향이 있다. 서로 계속 배려하기보다는 배려를 원하기 때문에 오래 사귀지 못한다고 한다. 아이들의 이성교제는 무심하게 그냥 놔두면 그리 오래가지 않는다.

"엄마도 경험이 있어. 학생 때는 처음에 좋아하는 감정이 끝까지 가는 경우가 별로 없는 거 같아. 사귀다 보면 헤어지고 다른 친구를 또 사귀게 되더라. 그런데 사귈 때 서로 존중했던 것처럼 헤어질 때도 예의를 지키는 게 중요해."
이렇게 알려주자.

학부모총회,
시험감독 꼭 가야 하나요?

학부모총회는 학교가 학생들을 위해 어떤 운영을 할 것인지 자세히 설명하고, 학부모는 어떻게 학교 활동에 참여하고 이해해야 하는지 안내하는 날이다. 형식적으로 치러지는 것처럼 보일 수도 있으나 이 날 배부하는 자료나 안내로 많은 정보를 얻을 수 있다. 학교를 충분히 활용할 수 있는 방법과 절차도 배운다.

특히 총회 날은 담임선생님과의 첫 대면에 이어 같은 반 엄마들과의 만남도 만들어지는 날이다. 워킹맘의 경우에는 월차나 반차를 이용해서 꼭 참석하는 것이 좋다.

학교가 학생을 위해 최선의 노력을 하는 만큼 학부모도 학부모 역할로 정해진 부분에 적극적으로 참여해야 한다.

학교에서 초대한 날 학부모가 많이 참여하면 좋은 학교다. 학교가 초대하지 않은 날 학교를 찾아오는 것은 부정적인 문제인 경우가 많다. 학교에서 오라고 초대하는 날은 꼭 가고, 그렇지 않은 날은 가지 않는 게 제일 바람직하다. 학교나 담임선생님에 대한 엄마의 태도는 아이에게 많은 영향을 준다. 특히 학교에 다녀온 날 엄마가 자녀에게 어떤 정보를 전달하느냐가 앞으로 자녀의 학교생활에 큰 영향을 준다.

아이는 엄마를 '나를 위해 제일 애써주는 똑똑한 사람'이라고 알고 있다. 깐깐하고 똑똑한 우리 엄마가 우리 학교를 긍정적으로 평가한다면, 예를 들어 "엄마가 오늘 학교에 가보니까 학교가 점점 좋아지고 있더라. 정말 잘 됐어. 넌 운이 좋은 것 같구나. 엄마도 안심된다"고 하면 아이는 다음날부터 교문을 들어갈 때마다 평온한 마음으로 기분 좋게 등교할 것이다.

> 어떤 엄마들은 태몽을 꾸지 않았지만, 자녀에게 태몽을 꿨다고 지어서 말하기도 한다. 왜 그럴까?

아이가 자기 스스로 희망과 기대를 하게 하는 것이다. 마찬가지로 아이에게 담임선생님에 대한 정보도 긍정적으로 전달해야 한다. "엄마가 오늘 담임선생님을 뵙고 왔는데 기분이 좋더라. 선생님이 일 년 동안 너에게 사랑도 많이 주시고, 좋은 교육을 해주실 것 같아서 기대된다. 마음이 따뜻한 분

그러면 아이는 교실에서 생활하다가 불편한 일이 생길 때 선생님에게 다가가 의논하기가 수월할 것이다. 반면 엄마가 "이리 와서 앉아봐. 오늘 엄마가 너의 선생님을 만났는데 만만치가 않더라. 너 이제 큰일 났어. 앞으로 선생님께 걸리는 일 없도록 조심해. 집으로 엄마한테 연락 오는 일 없게 하라고. 알았지?"라고 겁을 준다면 아이는 선생님과 일 년을 지내보지도 않고 조심하고 긴장한다.

담임선생님과 관계 좋은 일 년 동안에 내 아이가 많이 성장한다. 그래서 엄마들은 학교나 담임선생님에 대해 좋은 정보, 긍정적인 정보를 찾아서 아이에게 전달하려고 애써야 한다.

학부모와 학교가 함께 학생을 성장시키는 것이기에 모든 학교에는 학부모가 꼭 참여해야 하는 일들이 있다. 학교운영위원, 급식 자재를 매일 검수하는 학부모위원회, 예절위원회, 도서관 사서 도우미, 학교 보안관 어머니, 명예교사 도우미, 교통안전 녹색 어머니, 체험 활동 도우미, 급식 도우미 등이 그것이다.

특히 학생들 안전한 등하굣길을 도와주는 녹색 어머니 활동은 교통 안전을 챙기는 일이다. 학부모 중 누군가는 꼭 해야 한다. 녹색 어머니 활동을 하다 보면 자녀의 친구들도 자연스럽게 알게 되고, 학생들도 봉사하는 어머니에게 감사를 표현한다. 내 자녀가 부모의 봉

사활동을 통해 대리 만족과 자부심을 가지는 경우도 많다.

학부모 역할이 번거롭고 불편하다고 이 핑계 저 핑계로 빠지면 자녀도 그 모습을 보고 배운다.

앞으로 우리 아이가 살아갈 세상이 '내가 좀 불편하더라도, 내가 좀 손해 보더라도, 정의롭고 올바른 일을 선택하는 도덕성'을 발휘하는 공간이길 원한다면 부모가 먼저 솔선수범해야 한다.

수강자 실천사례 32.
워킹맘의 참여

엄마의 학교활동 참여는 내 자녀의 어깨를 활짝 펴게 할 뿐만 아니라 아이가 엄마에게 준 행복한 기회다. 여러 아이 속에 있는 내 아이를 볼 수 있는 기분 좋은 경험이다.

물론 워킹맘의 고충을 알고 있다. 그러나 마음에서 학교활동 참여를 피하고 싶은지, 아니면 어떻게든 엄마역할을 해내고 싶은지 의지가 중요하다. 엄마가 낯설어하고 불편해하면 아이도 관계 능력에서 그대로 영향을 받는다. 아이들 마음을 생각하면 엄마가 일부러라도 참여할 만하다. 엄마가 다른 엄마들과 관계 맺는 모습을 통해 아이의 친구관계도 영향을 받는다.

주의할 점은 학교활동 참여 후 엄마가 "너 때문에 오늘 엄마가 학교 가서 힘들었다"라고 투덜대지 않는 것이다. 아이는 미안해짐과 동시에 '나는 엄마를 귀찮고 힘들게 하는 존재구나' 하고 생각할 수 있다. 그래서 "네 덕분에 엄마가 학교 가서 또 많이 배우고 새로운 것도 알게 됐구나" 라고 말하는 것이 바람직하다.

성장꿀팁

수강자가 말하는 실천사례 33.
학부모 시험감독 참여

중·고등학교 시험감독 꼭 가야 하나? 중·고등학교의 경우 부모가 학교에 갈 날이 별로 없다. 학교에서 오라고 하는 날에는 최대한 가는 것이 좋다.

3월 학부모총회 날은 최대한 참석하고, 총회자료집을 반드시 꼼꼼하게 잘 읽고 행사에 대해 메모해두는 것이 좋다. 총회가 끝난 후 담임과의 시간에도 꼭 참석해 선생님이 도움을 원하는 학교행사, 학부모 보안관, 녹색 어머니, 특히 시험감독 활동에 적극적으로 참여한다.

중학생 학부모들은 초등학교 때만큼 학교행사가 많지 않다. 중학생 학부모는 왜 학부모가 역할에 덜 참여하는가? 시험성적표가 나오다 보니 자연스레 높은 점수를 받거나 임원인 아이의 엄마가 학교 일을 더 참여해야 한다고 생각하는 경향이 있다. 학교는 모든 학생을 위한 학교이듯이 부모 역할도 모든 부모가 해야 한다.

특히 시험감독은 한 교실에 학부모감독과 교사감독 이렇게 2명이 배치되는데, 학부모감독이 모자라는 경우 교사감독이 2명으로 배치된다. 필요한 인원수만큼의 학부모참여자가 없다는 것은 선생님들에게 학부모들의 몫을 대신하라는 격이다. 반대로 생각해보면 학부모감독처럼 학부모에게 맡겨진 역할도 안 하면서 교사에게 학

119
112

부
모

생을 잘 가르쳐달라고 하는 것은 무척 염치가 없는 일이기도 하다. 선생님을 존중한다는 것의 기본은 선생님에게 부모들의 역할까지 떠넘겨서 일하게 하지 않는 것이다.

학생은 열심히 시험공부를 한다면 부모는 시험감독으로 자녀와 함께 시험을 치르는 것이다. 자녀의 성적과 상관없이 엄마는 학부모의 역할에 충실한 모습을 아이에게 보여줘야 한다. 어디에서든 내게 주어진 몫을 하도록 먼저 본 보이는 것이다. 학부모 시험감독은 다른 엄마가 할 일을 대신한 것이 아니다. 내가 손해 보는 것이 아니라 학부모로서 누군가는 해야 할 일을 선택한 것이고, 정의롭고 올바른 선택을 하는 시민의식을 가진 학부모의 모습이다.

시험감독을 가면 내 자녀 말고 다른 학생들도 만나게 된다. 아이들의 학교생활 태도를 보면서 내 자녀를 더 많이 이해하게 된다. 교실에서 여러 학생을 보면 오히려 내 자녀에 대한 긍정적인 인식을 하게 되는 때가 많다. 자녀와 가까워질 수 있는 기회다. 시험감독을 갈 때 담임선생님과의 개인면담은 부담될 수 있다. 시험감독이라는 역할만 잘하고 귀가하는 것이 가장 좋다.

담임선생님과
얘기하는 게 망설여져요

우리 아이들이 초·중·고 12년 동안 12번 만나게 될 각각의 담임선생님들은 모두 내 아이의 멘토가 되는 분들이다. 학기 초에 담임선생님을 만나면 엄마들도 설레고 어색하고 긴장되듯이 선생님도 많이 긴장한다. 엄마들은 우리 아이를 잘 부탁드린다고 하는 것이 왠지 속 보이는 것 같고 내 아이가 잘할지 걱정이 많다.

선생님도 엄마와 같은 한 개인이고, 존중받고 싶고 신뢰받고 싶은 인격체다.

집에서 우리 아이 두 명을 키우는 일도 만만치가 않다. 하물며 남의 집 아이들 25명과 교실에서 온종일 함께 생활하는 담임선생님은 어떨까. 아이들은 엄마에게 자기가 전달하고 싶은 말만 전달할 것이고, 교실의 전체적인 상황도 주관적으로 말할 것이기에 엄마는 아이의 말을 사려 깊게 들어야 한다.

선생님도 퇴근 시간 후에는 개인의 삶을 살아간다. 전화하거나 문자 보내는 것도 시간 예절을 지켜야 한다. 우선 아이들을 위해 애쓰시는 점에 감사의 뜻을 표하고 엄마인 나의 걱정과 궁금한 용건을 요약 전달 후 문자로 언제 통화할 수 있는지 묻고 기다리는 것이 필요하다. 특히 중요한 것은 통화시간을 미리 정하는 것이다. 똑같은 말을 반복하느라고 긴 시간 통화하는 것을 피하려면 먼저 엄마 스스로 전달하고 싶은 얘기를 잘 정리해두자.

"선생님, 궁금한 점이 있어서 많이 망설이다가 문자 보냅니다. 항상 아이들에게 마음 써주시고 애써주셔서 감사합니다. 오늘 규민이가 하교 후에 시무룩하고 이제 학교 가기 싫다고 합니다. 서연이가 괴롭힌다고 하는데 걱정이 됩니다. 5분 정도 통화 가능한 시간 알려주시면 연락드릴게요."
위와 같이 표현하면 좋다.

주의할 점은 담임선생님께 '이렇게 해달라'고 일방적인 해결책을 제시하지 않아야 한다.
"그러니까 선생님이 규민이를 괴롭히는 서연이를 좀 말려주세요"라고 요청하지 않아야 한다. "규민이가 이렇게 말해서 정말 걱정된다"라고만 말해도 선생님은 아이들을 살펴보게 될 것이다. 선생님이 적절한 방법을 고민하고 해결하려고 할 테니 믿고 기다려야 한다. 선생님에게 '이렇게 해봐라. 저렇게 해봐라' 하는 것은 월권이고 결례다.

담임선생님 나이에 따라 엄마들의 기대가 달라지는 것도 사실이다. 나이를 앞세워 결례를 저지르는 경우가 없도록 하자. 선생님이 엄마보다 어린 경우라도 선생님은 학교에서 선배 교사들의 경험과 노하우를 공유하면서 학생들을 지도하므로 믿어야 한다.

엄마들이 먼저 내 아이의 선생님을 최고로 존중하는 것이 중요하다.

존중받아본 사람은 상대를 존중하는 것이 가능하다. 내 자녀를 위해 엄마가 집에서 아이들과 대화를 나눌 때도 항상 담임선생님을 최고로 존중하고 신뢰한다는 것을 자녀가 알게 해야 한다.

학교 엄마들
모임 가야 하나요?

유치원부터 엄마들의 모임이 있다. 학부모 모임, 애들 반 엄마들의 모임. 가야 할까? 물론이다. 여건이 된다면 가라. 그냥 학부모로 말이다. 그 모임에서 뭘 주도하라는 게 아니다. 엄마들은 모여서 밥 먹고 차 마시면서 애들 얘기를 한다. 내 아이가 어떤 상황에서 교실 생활을 하는지는 아이의 말로만 확인할 수가 없다. 엄마들 모임에 속해야 하는 이유다.

교실에서 우리 아이가 어떻게 지내고 있는지 다른 엄마를 통해 들을 수도 있다. 신기하게도 모이는 엄마들 아이끼리는 충돌이 적다. 우리 아이가 숫기가 없다든지 소극적이면 특히 도움된다. 초등학생의 엄마 모임은 아이에게도 영향을 많이 주는 것이 사실이다.

"저는 그런 엄마들 모임이 좀 극성스럽고 뒷말도 있고 튀는 거 싫어서 안 가요"라고 말하기도 한다. 가보지도 않고 누구 엄마가 마음에 안 든다고 할 것 없다. 그냥 같은 반 엄마들의 모임이다. 그 모임에 소속돼 내용을 알고 나면 넘겨짚게 되지 않는다. 엄마들 모임을 우습게 보거나 경시하는 태도를 보이면 내 아이에게도 그 편견이 그대로 전달된다. 엄마가 같은 반 엄마들을 부정적으로 대하면 아이도 친구를 외면하는 경우로 연결된다.

엄마들 모임은 소통의 창구다.

잘 웃는 엄마 아이가 잘 웃는다. 진지한 엄마의 아이는 진지하다. 초등학교 선생님들은 그 아이의 행동을 보면 부모가 보인다고 한다. 엄마가 소극적이고 은둔형이면 자녀가 적극적이기 무척 어렵다. 엄마가 긍정적이면 아이도 긍정적인 관점이 생긴다. 내 자녀의 친구 관계가 걱정된다면 먼저 엄마가 적극적으로 엄마들과의 관계를 맺을 필요가 있다.

직장인 엄마도 기회가 될 때는 모임에 가보도록 하자. 대표 엄마 전화번호 정도는 꼭 알아두고 궁금한 점을 묻고 도울 수 있는 부분은 돕겠다는 의사를 표현해두면 좋다. 시간이 될 때 같은 반 엄마 몇 명이라도 만나서 교류하면 우리 아이까지 챙겨주는 경우가 많다. 서로 도우면서 함께 키우는 것이 제일 바람직하다.

"부모노릇도 배우면 더 잘 할 수 있다."
부모가 웃으면 자녀는 덩달아 웃는다.
부모의 존중과 사랑이 자녀에게 원천에너지가 된다.

본 책의 내용에 대해 의견이나 질문이 있으면
전화(02)3604-565, 이메일 dodreamedia@naver.com을 이용해주십시오.
의견을 적극 수렴하겠습니다.

119 112 부모

제1판 1쇄 발행 | 2017년 11월 3일
제1판 2쇄 발행 | 2019년 3월 11일

지은이 | 최해옥
펴낸이 | 한경준
펴낸곳 | 한국경제신문*i*
기획제작 | (주)두드림미디어

주소 | 서울특별시 중구 청파로 463
기획출판팀 | 02-3604-565
영업마케팅팀 | 02-3604-595, 583 FAX | 02-3604-599
E-mail | dodreamedia@naver.com
등록 | 제 2-315(1967. 5. 15)

ISBN 978-89-475-4269-2 03320